HEYNE <

Zum Autor

Bodo Janssen, geboren 1974, studierte BWL und Sinologie und stieg im Anschluss ins elterliche Hotelunternehmen ein. Als sein Vater bei einem Flugzeugabsturz ums Leben kam, übernahm er die Führung der Hotelkette. Nachdem er bei einer Mitarbeiterbefragung vernichtende Ergebnisse erhalten hatte, beschloss er, für eineinhalb Jahre ins Kloster zu gehen. Nach dieser Zeit der inneren Einkehr leitete Bodo Janssen in seinem Unternehmen einen Paradigmenwechsel ein mit dem Ziel, eine authentische Unternehmenskultur zu entwickeln, in der jeder Mitarbeiter im Unternehmen das leben kann, was ihm als Mensch wichtig ist. Im Ariston Verlag sind bereits seine Bestseller »Die stille Revolution«, »Stark in stürmischen Zeiten« (zs. mit Anselm Grün), »Eine Frage der Haltung« und »Stille« erschienen.

BODO JANSSEN

In der Mitte der Mensch

Sinnerfüllt leben und arbeiten –
mit der Klarheit und Kraft benediktinischer
Lebenskunst

WILHELM HEYNE VERLAG
MÜNCHEN

Dieses Buch erschien 2019 unter dem Titel
Kraftquelle Tradition. Benediktinische Lebenskunst für heute
im Vier-Türme-Verlag.

FSC www.fsc.org
MIX
Papier aus verantwortungsvollen Quellen
FSC® C014496

Penguin Random House Verlagsgruppe FSC® N001967

Taschenbucherstausgabe 08/2022

Der Wilhelm Heyne Verlag, München, ist ein Verlag der
Penguin Random House Verlagsgruppe GmbH,
Neumarkter Straße 28, 81673 München
Lektorat: Marlene Fritsch
Illustration: Barbara Schneider
Umschlaggestaltung: Hauptmann & Kompanie Werbeagentur, Zürich,
unter Verwendung eines Fotos von © Kay Blaschke /
Penguin Random House Verlagsgruppe
Satz: Satzwerk Huber, Germering
Druck: GGP Media GmbH, Pößneck
Printed in Germany
ISBN: 978-3-453-60605-0

www.heyne.de

Inhalt

Wer ist der Mensch, der das Leben liebt und gute Tage zu sehen wünscht?

Benedikt, New Work und das liebe Leben

New Work oder die sogenannte neue Arbeit ist das Zauberwort, das einen sich in der Arbeitswelt vollziehenden Megatrend beschreibt und aktuell in aller Munde ist. Gemeint ist damit eine breite Bewegung aus Arbeitnehmern, Arbeitgebern, Philosophen, Soziologen und sogar bis hin zu Bhutans Glücksminister Dr. Ha Vinh Tho, die an einer neuen Form von Erwerbstätigkeit mitdenken und mitarbeiten. Wenn man so möchte, ist die Work-Life-Balance als Schlagwort passé, im Vordergrund steht nun vielmehr, in seiner Arbeit Sinn zu finden, Leben und Arbeit also nicht als voneinander getrennt zu erleben. Es geht um erfüllte Lebenszeit.

Immer mehr Firmen legen Wert darauf, den im Zusammenhang mit diesem Begriff stehenden Ansprüchen gerecht zu werden. Um das zu erreichen, steht die praktische Beantwortung von Fragen wie: »Wie sieht denn das Unternehmen aus, in dem wir leben wollen?« oder »Wie sieht die Arbeit aus, die ich wirklich, wirklich will?« im Vordergrund. Bei den Antworten geht es um den Abschied von einer rationalen Leistungsgesellschaft und der Hinwendung zu einer den Sinn und den Menschen stärkenden Gemeinschaft, in der die Potenziale des Einzelnen genauso entfaltet werden wie ein gelingendes Miteinander. Die Absicht des Begründers der New-Work-Bewegung, Fridjof Bergmann, bestand darin, Zentren für »Neue Arbeit« zu gestalten, in denen Menschen gemeinsam mit ihren Mentoren ihre »Selbstunkenntnis« überwinden und sich auf die Suche nach einer Arbeit in Übereinstimmung mit den eigenen Wünschen, Hoffnungen, Träumen und Begabungen machen. Fridjof Bergmann ist der Ansicht, dass diese Neue Arbeit das eigene Leben so verändert, dass man sich »lebendig(er)« fühlt.

Auch ich wollte mich nach einer niederschmetternden Mitarbeiterbefragung wieder »lebendig(er)« fühlen und ging ins Kloster. Und was ich dort in meiner Zeit als Klosterschüler erkennen durfte und manch einen Leser überraschen wird, ist, dass die Wurzeln sowohl der Absicht als auch der Organisation des Neuen Arbeitens in einer 1500 Jahre alten Tradition verankert sind.

Im 6. Jahrhundert gründete Benedikt von Nursia auf dem Monte Cassino ein Kloster. Diese Abtei gilt als die Wiege des abendländischen Mönchtums. Um das Zusammenleben seiner Mönche zu ordnen und zu strukturieren, verfasste er eine Lebensregel, die als Benediktsregel fortan vielen Menschen und Gemeinschaften als Kompass auf dem Weg zur Selbsterkenntnis und Leitfaden für eine friedvolle Gemeinschaft diente. Im Prolog, dem Eingangskapitel der Regel, schreibt Benedikt einen Satz, der, etwas anders formuliert, auch der Leitsatz des New-Work-Begründers ist: »Wer ist der Mensch, der das Leben liebt und gute Tage zu sehen wünscht?« Beide scheinen sich einig darüber zu sein, dass Erfolg wenig mit Leistung, sondern viel mehr mit einem gelingenden Leben zu tun hat. Und während Fridjof Bergman von den ersehnten »Zentren für neue Arbeit« spricht, fordert Benedikt in seiner Regel dazu auf, »eine Schule für den Dienst des Herrn zu errichten«. Manch ein Leser wird sich fragen, was das eine mit dem anderen zu tun hat, doch bei genauerem Hinsehen und dem Versuch einer modernen Interpretation dieser alten Lebensregel werden die Gemeinsamkeiten nicht verborgen bleiben. So finden sich zum Beispiel auch in anderen Sätzen der Regel die Ursprünge der postmodernen Organisation, wie Frederic Laloux sie in seinem Buch »Reinventing Organizations« beschreibt. Da heißt es in einem Satz des Kapitels über die Einberufung der Brüder zum Rat: »Tu alles mit Rat, dann brauchst du nach der Tat nichts zu bereuen.« Gerade im 21. Jahrhundert, in dem es um Verantwortlichkeit, zwischenmenschliche Beziehungen, Gemeinschaft, Gesundheit, geistige Entwicklung und Sinn geht, ist die Regel aktueller denn je, denn darin geht es nicht um religiöse Vorschriften, sondern um eine Anleitung für die körperliche, geistige, seelische und soziale Entwicklung eines Menschen. Es geht um die Antworten auf die wichtigen Fragen des menschlichen Seins, des eigenen Lebens und des gelingenden Miteinanders. Und diese Fragen kann ich klug oder dumm, sinnvoll oder sinnwidrig beantworten.

Seit 2010 versuche ich die Regel Benedikts für mich persönlich, aber auch für das Leben und Arbeiten in unserem Unternehmen Upstalsboom als Kompass unseres Handelns zu verstehen. Die daraus entstandene Entwicklung ist tiefgreifend und wird vom Harvard Businessmanager als »beeindruckendster Wandel in der deutschen Managementgeschichte« beschrieben.

Dieses prominente Statement, aber auch viele andere Medienberichte über uns führen zu einer besonderen Herausforderung im Umgang mit dem uns entgegengebrachten Interesse. Zum Beispiel in Bezug auf die Mitarbeiter in unserem Unternehmen: Immer mehr Bewerber haben die Vorstellung, in der kulturellen Wüste unserer nationalen Arbeitswelt in Upstalsboom eine Oase der Glückseligkeit zu finden. Der häufige Irrglaube, dass bei uns nicht gearbeitet werden müsste, sich alle umarmen und nur lieb miteinander sind, hat schon so manch einen harmoniesuchenden Menschen dazu gebracht, sich bei uns zu bewerben. In der Praxis entstand dann mit der Erkenntnis die Ernüchterung, dass wie in jedem anderen Unternehmen auch bei uns Arbeit gefordert ist. Den Wenigsten ist im ersten Moment bewusst, dass wir Arbeit aber nicht ausschließlich als etwas betrachten, das dazu dient, unseren Lebensunterhalt zu verdienen, und das möglichst im »Piep-piep-piep-wir-haben-uns-alle-lieb-Schongang«, sondern vielmehr etwas ist, das dazu führt, sich selbst ein bisschen besser kennen und lieben zu lernen, seine Potenziale und sich als Persönlichkeit zu entwickeln und als Mensch zu wachsen. Was viele außerdem nicht glauben können: dass das richtig anstrengend ist, weil wir die Menschen bei uns dazu ermutigen, sich ihrem Schatten, ihren Verletzungen, ihrer Vergangenheit und nicht zuletzt ihren Kollegen, Kunden und Partnern zu stellen, um in der Begegnung mit ihnen zu wachsen. Wir unterstützen sie darin, sich den Herausforderungen des täglichen Lebens zu stellen und nicht vor ihnen zu flüchten. Denn mit Verhindern, Flüchten und Ausweichen hat noch niemand sein Ziel erreicht. Mit Blick auf unsere »Touren des Lebens«, auf die ich später noch eingehe, behaupte ich sogar, dass es bei uns teilweise noch viel anstrengender, herausfordernder und auch ungemütlicher zugeht als in vielen anderen Unternehmen. Aber der Lohn, den jeder für sein Tun empfängt, ist eben nicht nur etwas, das sich auf seinem Bankkonto bemerkbar macht, sondern ganz besonders in der persönlichen Entwicklung. Unserer bisherigen Erfahrung nach zeigt sich diese persönliche Entwicklung in einem selbstbestimmteren und selbstbewussteren Leben, in dem innere Zufriedenheit und Freude immer losgelöster vom Siegen, Besitzen, Haben, Konsumieren und Herrschen entstehen. Cathy, eine unserer Auszubildenden auf Föhr, fragte mich einmal: »Bodo, wird es nach meiner Zeit bei Upstalsboom überhaupt noch möglich sein, sich in einem anderen Unternehmen zurechtzufinden?« Meine Antwort war, dass es mein Anspruch ist, sie in ihrer Entwicklung so zu unterstützen, dass ihre Zufriedenheit möglichst unabhängig davon ist, in welchem Unternehmen sie arbeitet, und wir unser Ziel noch nicht erreicht haben, wenn ihre Zufriedenheit von ihrem Dasein in unserem Unternehmen abhängig ist. Denn dann waren wir im Sinne unsere Kultur und unseres Anspruchs noch nicht vollkommen erfolgreich. Und um es vorwegzunehmen: Wir werden auch nie vollkommen sein. Uns geht es um die innere Freiheit, das zu leben, was uns als Menschen, sei es in der Rolle als Gast, Mitarbeiter, Kollege oder Partner, wirklich wichtig ist, und das möglichst frei von äußeren Umständen. Es geht uns darum, Menschen dabei zu unterstützen, Sinn, Freiheit und Verantwortung für das eigene Leben zu finden und zu übernehmen.

Doch das bekommt keiner von uns geschenkt. Die Antworten auf die wichtigen Fragen des menschlichen Lebens muss sich jeder hart erarbeiten, auch bei uns. Diese extrem harte Arbeit bieten wir in unserem Unternehmen nicht nur gerne an, sondern wir haben sie zum Sinn unserer unternehmerischen Existenz erklärt. Arbeit ist bei uns damit weniger ein Mittel, um Geld zu verdienen, sondern vielmehr, um ein gesundes Leben zu leben. Und das bedeutet, sich psychisch, physisch und sozial wohlzufühlen. Das sehen jedoch viele Menschen nicht, die sich bei uns in dem Glauben bewerben, dass Upstalsboom das Paradies in dieser vielerorts oberflächlichen Arbeitswelt sei.

Das Glück findet niemand in irgendeinem Unternehmen, so wie es vielleicht gerade derjenige glaubt, der sich bei uns bewirbt, weil er es in seinem jetzigen Job nicht mehr aushält, weil er dort mit seinen Kollegen und Vorgesetzten nicht mehr zurechtkommt oder die Arbeitsbedingungen schwierig findet. Doch wer andernorts nicht zurechtkommt, wird es bei uns auch nicht, es sei denn, er kommt mit der festen Absicht, sich als Mensch auf den Weg in die Schule der Selbsterkenntnis zu begeben. So wie Isabella, eine Führungskraft in einer deutschen Großbank, die zwei Monate ihres Sabbaticals als Praktikantin in unserem Hotel auf Usedom verbracht hat. Sie ist bewusst aus dem herkömmlichen Karrierewege ausgestiegen, um ihren eigenen Weg zu definieren. Die gemeinsame Zeit mit unseren Mitarbeitern im Housekeeping, der Küche, der Rezeption und der Verwaltung haben ihr eindrucksvoll die Erkenntnis und die Erfahrung geschenkt, dass innere Zufriedenheit nur sehr wenig von äußeren Umständen abhängig ist, dass Jammern niemanden weiterhilft und nur man selbst ganz allein für sein Wohlbefinden verantwortlich ist. Sie fing an, sich mehr mit der Entwicklung ihrer Persönlichkeit zu beschäftigen, und durfte letztendlich erleben, dass auch ihre Zufriedenheit unabhängig von den Gegebenheiten bei ihrem Arbeitgeber ist. Diese Absicht haben New Work und Benedikt gemeinsam: Arbeit ist Teil einer Lebensaufgabe, der wir uns in der Hoffnung auf ein gelingendes Leben stellen müssen. Dieses persönliche Wachstum geschieht aber nicht, wenn ich dazu gezwungen werde, sondern nur, wenn ich es wirklich will, ich mich dazu entschieden habe.

Erfolg ist, wenn Liebe folgt

Früher war in meinen Augen Erfolg messbar an Dingen wie Status, Macht, Besitz oder Anerkennung. Erfolg zu haben bedeutete für mich, in diesen Bereichen zu siegen, besser zu sein als andere. Doch anstatt an die Spitze führte mich dieser tägliche Kampf um den Sieg in eine ordentliche Krise. Und mit der Krise stand eine Frage im Raum: Wieso gehen manche Menschen gestärkt aus einer Krise hervor, während andere an ihr zerbrechen?

Als ich 2010 nach der Mitarbeiterbefragung ins Kloster gegangen bin, konnte ich schließlich durch die Gemeinschaft und die Regel Benedikts Antworten darauf finden, wie eine Krise dazu führen kann, als Mensch zu wachsen. Die Regel des heiligen Benedikt war für mich ein Schlüssel für die Tür auf dem Weg zu einem gelingenden Leben. Sie ist für mich zu einem wichtigen Leitfaden in meinem Leben geworden, der mir immer wieder Impulse gibt, mich den Abenteuern und Herausforderungen des Lebens zu stellen und nicht vor ihnen zu flüchten. »Unter den Hammerschlägen unseres Schicksals formen wir uns in Weißglut zu Heiligen oder Dämonen« ist dabei für mich zu einer wichtigen Erkenntnis geworden. Jeder Mensch durchlebt Krisen oder muss sich Herausforderungen stellen, und so ist in mir die Sehnsucht gewachsen, meine Erfahrungen auch anderen Menschen zugänglich zu machen. So hielt die Regel des heiligen Benedikt nicht nur Einzug in mein Leben, sondern auch in unser Unternehmen und damit auch in das Leben vieler anderer Menschen. Die Regel hilft dabei, uns in eine Richtung zu entwickeln, die unserer ganz eigenen Wahrheit entspricht. Sie führt uns auf den Grund unserer Seele zurück, jenem Ort, an dem wir authentisch und unverletzbar sind. Und auf dem Weg dorthin bekommt auch Erfolg nach und nach eine ganz andere Bedeutung. Für mich heißt es heute, das Leben zu lieben, und zwar bedingungslos und unabhängig davon, was um mich herum geschieht.

Das Leben zu lieben bedeutet für mich aber auch, dass ich bei aller Verbundenheit mit meinen Mitmenschen die innere Freiheit habe, im Alltag das zu leben, was mir als Mensch wirklich wichtig ist, was meinem Wesen entspricht, die Gemeinschaft also genauso zu lieben wie die Freiheit. Das Leben zu lieben bedeutet für mich Gegenwärtigkeit, da zu sein, präsent zu sein und sich nicht von außen treiben zu lassen. Das Leben zu lieben bedeutet für mich außerdem, sich auch bedingungslos selbst zu lieben, sich zu erkennen und sich so anzunehmen, wie man wirklich ist. Das Leben zu lieben bedeutet für mich, mir jeden Tag darüber bewusst zu sein, wofür ich heute aufgestanden bin, und den »Sinn des Augenblicks« zu erkennen, egal, wie hart die Situation oder das Leid auch genau in dem Moment sein mag. Das Leben zu lieben bedeutet für mich, ein Feuer in den Augen der Menschen zu entfachen. Das Leben zu lieben bedeutet, mich von meinen Ängsten zu befreien, in dem ich sie zulasse, annehme und durch sie hindurch gehe. Und zuletzt bedeutet das Leben zu lieben für mich auch, ins Gelingen verliebt zu sein. Für den, der das Leben liebt, hat Erfolg nichts mehr mit Wirtschaft, Besitz oder Geld zu tun.

Als kleiner Junge habe ich es geliebt, mich immer wieder in meine vier Wände zurückzuziehen. Schon damals brauchte ich diese Ruhe, diese Zeit für mich, um Abstand von den Dingen um mich herum zu bekommen, ganz besonders dann, wenn es mir um mich herum oder mit all meinen Aktivitäten zu viel wurde. Noch heute erinnert mich meine Mutter häufig daran, dass ich als Kind so oft sagte: »Ich habe gar keine Zeit mehr für mich.« Für mich war dieser Rückzug in mein Zimmer »heilig«. Ich habe mir dann eine ganz eigene Welt aufgebaut, wie nur mir sie gefällt, meiner Fantasie freien Lauf gelassen und aus Lego, Playmobil oder Bauklötzen etwas aufgebaut, was mir innere Freude, Ruhe oder Zufriedenheit geschenkt hat. In diesen Momenten war ich ganz gegenwärtig, war ich in Verbindung mit meinem Selbst.

Heute, gut vierzig Jahre später, ist es nicht mehr das Spielzeug, sondern ein Unternehmen, aus dem diese ganz eigene Welt entsteht. In mir als Unternehmer sehe ich den kleinen Bodo in seinem Zimmer sitzen, der seiner Sehnsucht nachgeht und seinem inneren Bild entspricht, indem er mit einem Unternehmen im Kleinen etwas aufbaut, was im ganz Großen vielleicht nicht möglich ist, das aber der Gesundheit des Menschen dient und in dem möglichst viele

Menschen die Freiheit empfinden, das zu leben, was ihrer Persönlichkeit, ihrer ganz eigenen Wahrheit entspricht. Ich betrachte mich als eine Art unternehmerischer Aussteiger, der sich aus der klassischen Welt der Wirtschaft verabschiedet hat, weil er das Gefühl gewonnen hat, dass diese alte Welt dem Menschen wie auch der Natur nicht guttut.

Mit den folgenden Zeilen möchte ich dir, liebe Leserin und lieber Leser, nun unseren Versuch näherbringen, ein mitmenschliches Arbeitsethos in einem wirtschaftlichen Unternehmen zu leben. Dafür bediene ich mich persönlicher, unternehmerischer und zum Teil auch emotionaler Geschichten aus unserer Unternehmensentwicklung, anhand derer ich versuche, unser Handeln im Sinn der Regel Benedikts zu beschreiben und damit in Teilen auch die aus dem 6. Jahrhundert stammende Lebensregel ins Zeitalter und die Sprache der New Work zu übersetzen.

Tradition – ohne Geschichte keine Zukunft

Die Regel

Mein erster Kontakt mit der Regel Benedikts war genauso kurz wie die Abschnitte derselben. Das kleine schwarze Büchlein stand auf dem Schreibtisch meiner Klosterzelle neben einer Reihe anderer Bücher und fiel mir dort ins Auge. Im Lauf der immer wiederkehrenden Klosterzeiten, für die ich mich im Nachgang zu meinem ersten Besuch entschieden hatte, sah ich die einzelnen Bücher und Schriften nach und nach durch, mal absichtslos, mal mir einen Überblick verschaffend, mal etwas tiefer hineinschauend. Auch wenn die in der Regel verwendete Sprache mir ein bisschen altmodisch erschien, wurde mir in der vertiefenden Arbeit damit deutlich, dass ich ein Buch in der Hand hielt, dessen 1500 Jahre alten Inhalte aktueller denn je sind. Das bezieht sich aber nicht nur auf die Kapitel über den Abt oder Cellerar, die für die Führung von Menschen in einem Unternehmen von Bedeutung sind, denn ein Unternehmen ist nicht irgendein »Ding«, sondern letztlich ein Ort, an dem Menschen zusammenkommen, um gemeinsam eine gute Zeit zu gestalten – ähnlich wie in einem Kloster.

Die Regel Benedikts fußt auf einer noch älteren Schrift, die bis dahin für viele Gemeinschaften maßgeblich war: die *Regula Magistri*. Benedikt nahm wahrscheinlich ganz bewusst einige Passagen daraus beinahe wörtlich in seinen Text auf, weil er davon ausgehen konnte, dass die meisten Menschen diese vielleicht sogar auswendig kannten (denn lesen und schreiben war damals nur wenigen vorbehalten) und somit wussten, um was es geht. In einigen Kapiteln nahm Benedikt aber ganz bewusst wesentliche Änderungen vor, die den Grundtenor der alten Regel völlig veränderten. Die *Regula Magistri* war von einem negativen Menschenbild und von tiefem Misstrauen gegenüber dem Menschen geprägt. Übertragen auf den heutigen wirtschaftlichen Kontext könnte man die *Regula Magistri* auch als »alte Arbeitswelt« bezeichnen. Sie transportierte eine einseitige Fixierung auf die Schuld des Einzelnen, der in seinem Herzen als böse, dumm und faul angesehen wird. Ich glaube, dass dieses negative Menschenbild auch heute noch in vielen Unternehmen, aber auch Familien, Schulen, der Politik und der Gesellschaft zu finden ist. Sinn der *Regula Magistri* war also, den Menschen mittels Verängstigung zu einem besseren Menschen zu machen – durch Strafen, Bußen, Erziehungsmaßnahmen. Lange war das ebenfalls maßgeblich für das Bild, das in der Gesellschaft für Kinder galt: Beginnend in der Familie wurde das »ungezogene« Kind zum Objekt der Erwartungen und moralischen Vorstellungen vieler Eltern. Auch in unserer Generation ist der Satz »Solange du deine Füße unter meinen Tisch stellst …« nicht unbekannt. Wir leben das, was wir erlebt haben, und das war häufig die Konfrontation damit, nicht zu genügen. Bis zu seinem 18. Lebensjahr bekommt ein junger Mensch mehrere zehntausendmal gesagt, was er alles nicht kann. In vielen Familien nimmt der Schatten der Eltern den Kindern die Sonne zum Wachsen. Ähnlich nimmt in einem Unternehmen der Schatten vieler Führungskräfte den Mitarbeitern die Sonne, um menschlich und persönlich an seinen Aufgaben zu wachsen.

In der Schule bedeutete Unterricht allzu oft, heruntergedrückt und dann an den Werten und Normen einer Gesellschaft wieder aufgerichtet zu werden. Die wahre Persönlichkeit wurde gebrochen, das wahre Wesen verstummte und die zerbrochene innere Haltung wurde durch ein äußeres Korsett der gesellschaftlichen Ordnung ersetzt. Die Kinder wurden »normal«. Wer dem nicht entspracht, wer von der Norm »verrückt« war, der wurde verschmäht und ausgegrenzt. Der hatte keine Chance. Aus Angst davor verbiegen sich Menschen und machen sich zu Sklaven dieser Angst vor Ablehnung. Ein perfides System, das es vielen schwermacht, daraus auszubrechen und ein echtes Leben zu leben. Ein solch negatives Menschenbild führt sozusagen direkt von der Wiege ins Hamsterrad und von dort aus hechelnd ins Grab.

Benedikt wollte dem ganz bewusst etwas entgegensetzen: Seine Regel basiert auf einem positiven Menschenbild. Sie ist so etwas wie eine Wegbeschreibung aus dem Hamsterrad hin zum Fels in der Brandung, die zudem nicht nur den geistlichen Weg vor Augen hat, sondern auch die körperlichen, organisatorischen und wirtschaftlichen Dinge im Blick hat. Wichtig ist zudem, dass Benedikt nicht alles im Einzelnen geregelt hat. Er überlässt dem Abt viele Entscheidungen. Das ist etwas ganz anderes als das, was wir heute in vielen Unternehmen in Form von Überregulierungen finden, die ihren Ursprung nicht selten in der Angst vor der Übernahme von Verantwortung hat. Die Folge ist, dass die in einem Unternehmen arbeitenden Menschen vor lauter Checklisten und Formularen nicht mehr den Sinn ihrer Arbeit erkennen können. Bewusst wurde mir das einmal mehr, als ich in einem meiner Klosterkurse eine Mitarbeiterin der Agentur für Arbeit hatte. Sie geht einer sehr sinnvollen Arbeit nach, weil sie Menschen dabei unterstützt, wieder ein eigenständiges Leben aufzubauen. Doch im Umgang mit all den Regularien, Vordrucken, Quoten und Kennzahlen ist ihr der Blick für diesen Sinn vollkommen abhandengekommen. Ein Großteil ihrer Arbeitszeit verlor sie sich in den bürokratischen Auswüchsen eines angstbesetzten Systems. Vielleicht ist auch deshalb die mit Misstrauen durchsetzte *Regula Magistri* um zwei Drittel länger als die auf Vertrauen basierende Regel Benedikts. Oder kurz: Die bürokratischen Auswüchse, der Regulierungs- und Zertifizierungswahn sind nur Ausdruck einer tiefen, ja vielleicht sogar in unserem Fall auch »German« Angst, in der die Menschen ihre Verantwortung lieber auf einer Checkliste abhaken oder ein Zertifikat übertragen, als sie selbst zu übernehmen.

Dabei ist eine Checkliste nicht grundsätzlich schlecht. Doch sie ist und bleibt immer nur ein Instrument. Die Frage ist, mit welcher Haltung ich es nutze. Dient also die Checkliste dem Menschen oder der Mensch der Checkliste? An dieser Frage – dient der Mensch der Regel oder dient die Regel dem Menschen? – wird auch der Unterschied zwischen der *Regula Magistri* und der Regel Benedikts deutlich. Vielleicht fühle ich mich Benedikt deshalb so verbunden, weil er sich mit seiner Regel im spirituellen Sinn auf den Weg heraus aus einer von Misstrauen geprägten Zeit gemacht hat, so wie es auch heute wieder unsere Sehnsucht ist, im unternehmerischen Sinn einen Weg aus dem Misstrauen, der sozialen Kälte und der egoistischen Konzentration zu finden. Egozentrische Ziele sind Angstmacher und daher wundert es mich nicht, dass sich die Zahlen der an Burnout und Depression erkrankten Menschen in den letzten Jahren potenziert haben. Wer nur für sich selbst Erfolg haben will, muss vor dem Misserfolg zittern.

Diesbezüglich verstehe ich Benedikts Regel auch als Einladung, Unternehmen zu entbürokratisieren, um den Menschen wieder den Blick für das Sinnhafte zu ermöglichen und ihnen den Freiraum für Entfaltung zu schenken. Gerade in Bezug auf das Thema Sinn sind meiner Erfahrung nach Unternehmer gut beraten, diesen wieder in den Fokus zu rücken, denn die jüngeren Generationen denken eher in Einheiten sinnvoller Arbeit als in Geldeinheiten, für die sie ihre Lebenszeit hergeben. Noch vor Kurzem wurde ich gebeten, einen völlig überalterten Aufsichtsrat zu verjüngen. Wieso muss es so weit kommen? Wieso will kein junger Mensch diese Aufgabe übernehmen? Worauf deutet das hin?

In der Regel Benedikts geht es um die Kunst, das Leben lieben zu lernen. Und anders als in der alten Unternehmenswelt hört das Leben eben nicht mehr am Werkstor auf. Es gibt immer noch zu viele Unternehmensberater, Führungskräfte, aber auch Mitarbeiter, die das Gefühl in sich tragen, der Wirtschaft dienen zu müssen und sich damit dem Diktat der Zahlen, Daten und Fakten zu unterwerfen. Ein Grund dafür liegt in der Entstehung des Unternehmertums im späten 19. Jahrhundert, einer Epoche, in der die Gesellschaft militarisiert war und Unternehmen wie Kommandoeinheiten geführt wurden. Wie Soldaten beim Militär gingen die Menschen damals mit einer Art Pflichtgefühl zur Arbeit. Ihre Persönlichkeit spielte dabei keine Rolle, man ließ sie sozusagen zu Hause. Im Werk wurden sie anschließend »angestellt« (daher der Begriff Angestellter) und abends wieder »abgestellt«. Und in der Zwischenzeit passte jemand auf, dass sie nichts »anstellen«? Einer zeigte und sagte, wie es zu gehen hat, und alle setzten es in die Tat um. Das Knowhow mutierte immer mehr zum Götzen, Fragen wie: »Wie können wir noch effizienter, noch günstiger und noch schneller werden?«, standen im Vordergrund. Die Konsequenz daraus war, dass sich in einem Unternehmen keine Menschen, sondern nur noch Positionen und Funktionen begegneten, die berechnet und mit Berechnung programmiert werden konnten. Viele Unternehmen unterwerfen sich auch heute noch dem Diktat der Zahlen, Stellen und Funktionen. Doch solange in einem Unternehmen Stellen beschrieben, besetzt und bezahlt werden, solange spielt der Mensch keine Rolle. In Deutschland wird zu viel gemanagt und zu wenig geführt. Das habe ich selbst ziemlich hart am eigenen Leib erfahren. Aber es geht auch anders – mit Benedikt!

Das Alte ehren und das Neue lieben

»Die Jüngeren sollen also die Älteren ehren,
die Älteren die Jüngeren lieben.« (RB 63,10)

Ein solcher Schritt hin zu einem neuen Verständnis von Arbeit bedeutet aber Veränderung in den bestehenden (Macht-)Strukturen eines Unternehmens, aber auch generell in einer Gemeinschaft. Ein Punkt, der häufig eine der größten Hürden in der Umsetzung darstellt. Denn in vielen Unternehmen, die ich besuche, spüre ich, wenn es um das Thema Veränderung geht, große Angst. Während ältere Führungskräfte das Gefühl haben, aufs Abstellgleis verfrachtet zu werden, verursacht es in der Mitarbeiterschaft eher ein Gefühl von Unsicherheit. Bei der Übernahme neuer Führungsaufgaben hört man immer wieder Sätze wie: »Das müssen wir ändern«, oder »Hier braucht es einen Change«. Veränderung scheint bei manchen fast zur Tagesordnung zu gehören. Wenn ich dann angesichts dieser vermeintlich alles verändernden Projekte in die Gesichter der Mitarbeiter schaue, entdecke ich mehr Entgeisterung und Frust als Begeisterung und Freude. Aber warum ist das so? Bei »Veränderung« geht es immer darum, etwas anders zu machen als vorher. Das bedeutet aber auch, dass das, was oder wie man es bisher gemacht hat, nicht gut genug war, nicht ausreichte. Die Begriffe »Veränderung« oder »Change« lösen daher bei den Betroffenen häufig das Gefühl aus, dass das, was sie bisher geleistet haben, nichts wert oder bedeutungslos ist. Was bleibt, ist der unangenehmere Beigeschmack der Geringschätzung. Der Begriff »Veränderung« würdigt das bisher Geschaffene nicht und entfacht innere Widerstände bei den Betroffenen, sich wieder auf etwas Neues einzulassen.

Es geht jedoch auch anders, wie ich mittlerweile immer häufiger erleben durfte. Wenn ich bei der Übernahme einer Führungsaufgabe nicht gleich alles auf Null setze, sondern meine Impulse für die Zukunft als einen weiteren Schritt in einem Entwicklungsprozess betrachte, dann geht es plötzlich nicht mehr darum, alles anders machen zu wollen, sondern um Evolution, Wandlung oder eben die Weiterentwicklung des Bestehenden. Der kleine, aber sehr feine Unterschied zwischen Veränderung und Entwicklung besteht darin, dass Entwicklung das bisher Geleistete wertschätzt. Eine Entwicklung baut zum Beispiel auf eine Tradition auf und entwickelt sie den Anforderungen entsprechend weiter. Wertschätzung hat auch etwas mit Würde und Würdigung zu tun. Je deutlicher die Würdigung dessen, was jemand bisher geleistet und beigetragen hat, desto schwächer der Widerstand gegen weitere und neue Entwicklungen. Eine gute Frage, die wir uns im Spannungsfeld zwischen Tradition und Zukunft stellen können, ist: »Wie kann ich unsere Quellen zeitgemäß interpretieren?« Eine gesunde Tradition vereint die Würdigung des Bestehenden mit dem unbedingten Willen zur Entwicklung.

Neue Wege – alte Werte

Wie ich zu den Mönchen kam

Als ich im Jahr 2010 nach Würzburg ins Stadtkloster der Benediktiner ging, war mir noch nicht bewusst, welch weitreichenden Folgen dieser Besuch haben würde. Aus einer inneren Verzweiflung heraus hatte ich mich über das Team Benedikt in Würzburg für den Kurs »Spirituell führen« angemeldet. Eine Befragung im Unternehmen hatte mir deutlich gemacht, dass die Mitarbeiter mit meiner Art der Führung nicht einverstanden waren, und so suchte ich nach Möglichkeiten, mich mit diesem Thema auseinanderzusetzen. Einige Bücher von Pater Anselm Grün hatte ich Jahre zuvor gelesen, jedoch blieben die daraus gewonnenen Erkenntnisse anfänglich ohne Auswirkungen auf mein Verhalten. Ich hoffte in diesem Kurs nun Lösungen aufgezeigt zu bekommen, die meine Probleme mit den Menschen im Unternehmen lösten. Benediktinische Spiritualität war mir bis dahin nur aus dem Buch »Menschen führen – Leben wecken« von Anselm Grün bekannt, außerdem wusste ich um das bekannte Motto »ora et labora«. Was ich beim ersten Betreten des Klosters empfand, war eine Art Ehrfrucht und Respekt vor den Menschen, die mir dort begegneten. Das Willkommenheißen, die Präsenz bei den Gästen, die Ruhe und Gelassenheit, ganz besonders aber auch die Lebensfreude, die die Mönche ausstrahlten, verbunden mit einem angenehmen Humor, zeigten mir eine Welt, die so ganz anders war als das, was ich in meinem Leben bis dahin erfahren hatte.

Trotz des alten Gebäudes, der Waschräume auf den Fluren, der einfachen Zimmer war die gesamte Atmosphäre geprägt von einer genauso schlichten wie schönen Ästhetik, die sich aufgrund ihrer Klarheit beruhigend auf meinen Geist auswirkte. Auch wenn das Stadtkloster der Benediktiner an sich nicht meinem Bild eines Klosters entsprach, entstand schon in den ersten Stunden meiner Zeit dort das Gefühl, wie ich es mir in Verbindung mit der Atmosphäre dort vorgestellt hatte.

Die persönlichen Erwartungen, mit denen ich meinen Besuch im Kloster angetreten hatte, konnte ich zu dem Zeitpunkt noch nicht in konkrete Gedanken fassen. Auf der Suche nach Lösungen, die die Stimmung im Unternehmen wieder verbessern könnten, hatte ich seit der Mitarbeiterbefragung mit diesen desaströsen Ergebnissen unzählige Managementbücher gewälzt, von denen jedoch keines eine Lösung für die mir durch die Mitarbeiter offenbarten Herausforderungen bot: Sie fühlten sich von mir nicht geführt. Sie sahen in mir nur jemanden, der sie als Mittel zum Zweck seiner eigenen Interessen und der des Unternehmens einsetzte. Sie fühlten sich zu lebenden Funktionen degradiert, die durch mich und meine Handlanger auf Basis von Zahlen, Daten und Fakten im gewinnmaximierenden Sinn des Unternehmens eingesetzt wurden. Mit meinem Verhalten versuchte ich sie zu Objekten meiner Vorstellung von Unternehmensführung zu machen. Der Mensch als Subjekt, die Menschlichkeit oder die je eigene Würde fanden dabei keine Berücksichtigung. Meine Verhaltensweise führte offensichtlich zu einer gestörten Beziehung zwischen mir und meinen Mitarbeitern, in deren Folge die Leistungsbereitschaft immer weiter sank, der Krankenstand wuchs und die Kündigungen zunahmen. Mit jedem Menschen, der ging, kam unserem Unternehmen damit auch ein weiteres Stück seiner Grundlage zur Sicherung der Existenz abhanden. Die

Mitarbeiterbefragung belegte dann schwarz auf weiß, dass die Stimmung im Unternehmen miserabel war. Einer der wesentlichen Gründe dafür war mein eigenes und das Führungsverhalten anderer. So entwickelte sich in meinem Kopf das Benediktinerkloster in Würzburg zum Bild von der letzten Ausfahrt auf dem Weg zu einer besseren Führungskraft.

Disziplin und Gehorsam

Was mich im Klosterkurs des Team Benedikts dann tatsächlich überrascht hat, war die Art des Unterrichts, wobei diese Art von »Unterricht« nicht ansatzweise etwas mit dem zu tun hatte, was ich ganz besonders in meiner Schulzeit, aber auch in anderen Seminaren wahrgenommen hatte. Damals bedeutete unterrichten für mich, jemanden herunterzumachen, um ihn anschließend den Werten und Normen einer Gesellschaft oder eben den Vorstellungen eines Lehrers entsprechend wiederaufzurichten. Es ging um Objektivierung, Normierung, um richtig oder falsch, gut oder schlecht, um den Vergleich mit anderen und darum, besser zu sein als sie. Wer den Maßstäben nicht genügte, der wurde verachtet. Die Persönlichkeit, die Würde des Einzelnen spielte in Bezug auf den Unterricht überhaupt keine Rolle. Da ich diese Lektion wohl sehr gut gelernt hatte, ging es mir gerade auch im Unternehmenskontext bis dahin eher um Corporate und Konformität als um die Einzigartigkeit des Einzelnen, und darunter schienen die Mitarbeiter von Upstalsboom zu leiden.

Im Klosterkurs erlebte ich genau das Gegenteil von dem, was ich in meiner Schulzeit und im Berufskontext erfahren hatte. Der Unterschied lag weniger in den Werten wie Gehorsam und Disziplin – diese spielten auch im Kloster eine große Rolle. Disziplin und Gehorsam sind für viele Menschen mit negativen Bildern und Gefühlen besetzt, sie verbinden damit Unterwürfigkeit, Schmerzen, Härte oder Leistung. Im Kloster allerdings dienten sie nicht dazu, mich anderen anzupassen oder meine Leistung für jemanden oder etwas zu steigern, sondern um mich und meine Persönlichkeit wiederzuentdecken und weiterzuentwickeln. Wenn ich also Disziplin und Gehorsam auf die Entdeckung meiner Persönlichkeit anwende, beginne ich damit, mein eigenes Leben in die Hand zu nehmen. Disziplin ist der einzige Weg, ständig glücklich zu sein, meint Hildegard von Bingen. Disziplin bedeutet somit, die Voraussetzungen für ein selbstbestimmtes Leben zu schaffen. Für uns als Unternehmen besteht eine Aufgabe darin, Menschen dazu zu ermutigen, sie einzuladen oder zu inspirieren, sich auf diesen Weg der Entwicklung ihrer Persönlichkeit und der Begegnung mit sich selbst zu begeben.

Es braucht Disziplin und Gehorsam, um die erforderlichen sogenannten guten Gewohnheiten einzuüben. Interessant war, dass mit Blick auf die eigene Entwicklung selbst solche eher negativ oder altmodisch erscheinenden Werte wieder eine ganz neue Bedeutung für mich bekamen.

Im Gleichgewicht – ora et labora

Meine Zeit im Kloster habe ich einerseits als permanente Einladung und Ermutigung empfunden, mich und mein Verhalten zu reflektieren. Andererseits habe ich aber auch immer wieder die Möglichkeit bekommen, in Verbindung mit Übungen im Kurs oder der klösterlichen Lebensgestaltung ins Tun zu kommen. Es bestand ein ausgewogenes Verhältnis zwischen Reflektion und Aktion, was meine persönliche Entwicklung deutlich spürbar unterstützte und mich das »ora et labora« praktisch erfahren ließ, ohne vorher irgendwelche Bücher gelesen oder Theorien gelernt zu haben. Die ganze Tagesordnung spiegelte dieses Prinzip wider, in dem nicht nur Gebet und Arbeit, sondern auch das gute Verhältnis zwischen Einsamkeit und Gemeinschaft sowie Schweigen und Reden ihren festen Platz hatten. Das Wohltuendste war, dass die Pausen und nicht meine Termine den Tag strukturierten. Die daraus entstehende Klarheit und Kraft hätte ich nicht für möglich gehalten, wenn ich es nicht selbst erlebt hätte. Darüber hinaus erfuhr ich im Kloster einen Lebensstil, der körperlich, geistig, aber auch sozial sehr wohltuend war.

In der Stille hören lernen

»Höre, mein Sohn, auf die Weisung des Meisters, neige das Ohr deines Herzens.« (RB Prolog, 1)

Ich erinnere mich noch gut daran, dass ich mich nach den ersten drei Tagen besser fühlte als nach einem mehrwöchigen Wellnessurlaub. Ganz besonders gut haben mir dabei die Zeiten der Stille getan, wobei für mich der Einstieg in die Meditation besondere Herausforderungen mit sich brachte. Als ich im Zendo des Stadtklosters das erste Mal meditierte, konnte ich die Lautstärke der Stille nicht ertragen. Von außen betrachtet war es im Meditationsraum mucksmäuschenstill, doch diese äußere Stille entzündete in mir ein Feuerwerk unzähliger schon tausendmal gedachter Gedanken, die sich an die Vergangenheit krallten oder an der Zukunft festbissen. Gedanken, die im Wesentlichen identisch mit denen vom Vortag und den Tagen davor waren und die in dem Moment, in dem sie auf meinen Körper trafen, Gefühle wie Unruhe, Angst, Wut und in seltenen Fällen auch einmal ein bisschen Freude auslösten. In der Stille spürte ich, dass ich in der Hektik meines Alltags zum Gefangenen meiner Gedanken geworden war, und das, wo doch die Freiheit mein größter Wert war.

In diesem Kurs wurde ich auch inhaltlich mit Themen und Fragen konfrontiert, die mir bis dahin vollkommen fremd waren. »Hören« ist nicht nur das erste Wort in der Regel, sondern auch die erste Übung, zu der ich eingeladen wurde und die mich nachhaltig bewegte. Es ging um die sogenannte Dyade. Das ist eine »Zuhören-üben-Übung«, bei der es aber nicht nur um das Zuhören geht. Man beschäftigt sich über einen längeren Zeitraum mit ein und derselben Frage, was zu einer intensiven Bewusstwerdung des Themas der Fragestellung führt.

In der Dyade setzen sich zwei Menschen gegenüber. Sie einigen sich darauf, wer von beiden damit beginnt, im Monolog eine konkrete Frage zu beantworten. In die Beantwortung fließen Gedanken, Gefühle, Emotionen, körperliche und geistige Reaktionen mit ein. Der Partner hört nur hin – schweigend! Nach einer vorher vereinbarten Zeit, in der Regel zwischen fünf und sieben Minuten, beendet der erste »Beantworter« seinen Monolog. Anschließend tauschen sich beide im Dialog drei Minuten darüber aus, wie sie diese Übung wahrgenommen haben, welche Erkenntnisse sie gewonnen haben und wie die gegenseitigen Reaktionen waren. In einem dritten Schritt wird dann der bisherige Sprecher zum Zuhörer in Bezug auf die gleiche Frage und in derselben Zeit. Anschließend folgt wiederum ein abschließender Dialog. Wir haben diese Übung in unseren Upstalsboom-Werkzeugkasten aufgenommen und gewinnen in der regelmäßigen Anwendung im Curriculum, in Schulungen oder Workshops dadurch ganz wunderbare Erkenntnisse, die oft hoch wirksam sind, weil diese Gespräche sehr unter die Haut gehen.

Ich machte meine erste Erfahrung mit dieser Art von Übung, als ich mir die Frage stellte: »Was verstehst du unter Führung?« Es brachte mich sehr ins Nachdenken ... Was bedeutet Führung? Was bedeutet es, sich selbst zu führen? Und wohin führe ich mich und andere überhaupt? Fragen, auf die ich so schnell keine Antwort fand. So entschied ich, mich nicht nur intensiver mit dieser konkreten Fragestellung zu beschäftigen, sondern auch mit ihren Quellen, denn auch Pater Anselm Grün nannte immer wieder im Zusammenhang mit dem Thema Führung die Regel Benedikts. Ich machte mich also auf den Weg, mir selbst zu begegnen und so größere innere Zufriedenheit und Freiheit zu finden. Denn das hatte ich verstanden: Sich selbst zu führen bedeutet Gott zu suchen und damit seiner eigenen Wahrheit zu begegnen. Der Weg zu Gott führt laut Benedikt über die Selbsterkenntnis. Es geht darum, sich seiner eigenen Wahrheit bewusst zu werden, sich darüber klarzuwerden, was die eigenen Sehnsüchte sind und wie ich wirklich leben will, was mich in letzter Konsequenz glücklich macht. Andere Menschen zu führen bedeutet, sie auf ihrem Weg dorthin zu unterstützen oder zu begleiten und sie mit sich und den Menschen in ihrem Umfeld in gelingende Beziehungen treten zu lassen. Der »Masterplan« Benedikts lautet im Grunde genommen: friedvolle *Gemeinschaft*. Und genau darum geht es letztlich auch in der Bibel.

Eine Voraussetzung dafür ist jedoch das Hören. In vielen Firmen wird zu viel geredet und zu wenig gehört. Wir hören nicht auf die Mitarbeiter und das, was sie wirklich bewegt. Doch wenn sie nicht gehört werden, fühlen sie sich auch nicht zugehörig. Viele hören auch nicht auf ihre Kunden, die ihnen sagen, was sie wirklich brauchen. Und so handeln sie nicht selten am Kunden vorbei. Oft genug hören wir auch nicht auf uns selbst, auf unseren Körper, wenn er sich gegen zu viel von allem wehrt. Wir machen einfach so weiter wie immer.

DYADE

WAS ist für DICH WIRKLICH wesentlich?
Hm...
DIE FRAGE IMMER WIEDER STELLEN
DAMIT SIE IMMER TIEFERE EBENEN ERREICHT
Meine Werte
BIS ZUM Wesentlichen

Die Regel Benedikts beginnt mit dem Wort »Höre«. Das lateinische Wort verstärkt die Art und Weise noch einmal: *obscultा* meint ein Hören, das auf jemanden gerichtet ist, der mich anspricht. Ich höre nicht nur die Worte, ich höre den Menschen. Ich höre ihm zu und fühle mich ihm zugehörig. Ein Gespräch gelingt nur, wenn wir auf den anderen hören. Viele denken beim Hören aber sofort an das, was sie selbst sagen könnten. Sie lassen sich gar nicht auf den anderen ein. Das Hören dient nur dazu, möglichst erfolgreich die eigene Meinung durchzusetzen. Es wäre eine gute Übung für Führungskräfte, einen Tag besonders auf das Hören zu achten, dem anderen wirklich zuzuhören, auf ihn zu hören. Dann wird ein neues Zugehörigkeitsgefühl entstehen. Und das schafft mehr Motivation als alle rationalen Argumente, mit denen ich die Mitarbeiter überzeugen möchte.

Auch ich habe mir als Unternehmer über das Hören nie wirklich Gedanken gemacht und es auch nie aktiv praktiziert. Als Führungskraft war ich immer in dem Glauben, selbst sprechen zu müssen und auf alles eine Antwort zu haben. Wie schwer es ist, die eigene Meinung einmal nicht auszusprechen, sondern Fragen zu stellen und wirklich hinzuhören, was der andere sagt, habe ich durch die Mitarbeiterbefragung auf ziemlich schmerzliche Weise erfahren.

Für Benedikt ist das Hören die Voraussetzung für wirkliche Begegnung. Er nennt es eine »Disziplin des Herzens«, in der die Hinwendung zum Gegenüber in dieser Form als ein Ausdruck der Liebe zu verstehen ist. Für mich ist es vor allem das mit dem Hören einhergehende gegenseitige Fragen, das meinem Gegenüber das Gefühl vermittelt, ein wirkliches Interesse an ihm zu haben, dass ich erfahren möchte, wer er ist, was ihn bewegt und was er kann.

Ein Beispiel: Vor gut zwei Jahren traf ich in einer unserer Hotelküchen einen Tellerwäscher. Ich fragte ihn, was ihm wirklich Freude bereite und womit er sich neben seiner Arbeit beschäftige. Ganz begeistert erzählte er mir davon, dass er die Leidenschaft fürs Fotografieren entdeckt und sich eine Kamera gekauft hatte. Während des vielleicht zehnminütigen Gesprächs schenkte ich ihm wirklich meine vollste Aufmerksamkeit. Als wir uns ein paar Wochen später wieder begegneten, überreichte er mir einen von insgesamt vier Fotokalendern, die er für seine Mutter, seine Schwester, sich selbst und mich angefertigt hatte. Wieder stellte ich Fragen: zu den einzelnen Motiven und wie er diesen Kalender gestaltet hatte. Auch wenn die Bilder deutlich machten, dass er mit seinem Hobby noch in den Kinderschuhen steckte, zollte ich ihm Respekt für das, was er mit Leidenschaft selbst gemacht hatte. Es verging ein weiteres Jahr, bis eine Kollegin mit einem sehr großen Briefumschlag in mein Büro kam. Ich öffnete ihn und fand darin einen unglaublich schönen Fotokalender. Absender: der Tellerwäscher. Der sich in den beiden Kalendern abzeichnende Entwicklungssprung war so unglaublich groß, dass ich mit beiden Exemplaren direkt zu unserem Marketingteam ging. Sie waren begeistert, und so ist es nicht verwunderlich, dass unser Tellerwäscher mit seinen Fotos nun auch unsere Magazine mitgestaltet. Wir nennen das »Wertschöpfung durch Wertschätzung«. Das wirkliche und bedingungslose Hören, Zuhören ist die wesentliche Voraussetzung dafür, dass sich Menschen wertgeschätzt und gebraucht fühlen. Was daraus entsteht, sind Freundschaft, Freude, Energie und Kraft.

Das Hören ist nach Benedikt ein Prozess der Achtsamkeit und damit die Voraussetzung für echte Begegnung. Mit Blick auf die Achtsamkeit bin ich froh und dankbar, dass unsere Mitarbeiter sich schon vor sechs Jahren für die Achtsamkeit als elementaren Wert unseres Leitbildes ausgesprochen haben.

Dem Hören voraus geht das Schweigen. Denn wer selbst spricht, erfährt nichts Neues. Für die Benediktiner ist die Schweigsamkeit ein Eckstein benediktinischen Lebens und spiritueller Entwicklung. Im Schweigen drückt sich die Achtung dem Mitmenschen gegenüber aus. Daher widmet Benedikt der Schweigsamkeit auch ein ganzes Kapitel und nutzt dafür ein schönes Bild: »Ich stellte eine Wache vor meinen Mund, ich verstummte, demütigte mich und schwieg sogar vom Guten.« Für ihn ist Schweigen auch eine Form der Demut, die sich dadurch ausdrückt, dass ich hören lerne und mich dem anderen gegenüber öffne. Aus diesem Grund beschäftigen wir uns auch im Unternehmen in sehr vielfältiger Weise mit dem Schweigen. In Ergänzung zu den immer häufiger von Mitarbeitern für Mitarbeiter praktizierten Meditationen gibt es noch weitere Übungen oder Verhaltensweisen, die dabei unterstützen, sich nicht vom eigenen Reden oder den eigenen Gedanken übermäßig beherrschen zu lassen.

Ein Beispiel: Besonders wir Männer interpretieren eine Gesprächsanfrage häufig unbewusst als Aufforderung, ein Problem zu lösen. Unser Gesprächspartner hat noch gar nicht ganz fertig gesprochen, da beginnen wir schon den eigenen Gedanken nachzugehen und Lösungen zu präsentieren. Um dem zu entgehen und sich auch selbst dieser Last zu entledigen, sich für jemand anderes den Kopf zu zerbrechen, klären einige Mitarbeiter vor dem Gespräch, ob es darum geht, gemeinsam Lösungen zu finden, oder einfach darum, etwas zu verstehen. Im zweiten Fall haben wir dem einen eigenen Namen gegeben: »Rotweingespräch«. Der Charakter einer solchen Unterredung ist vielleicht am einfachsten mit dem Brief eines Unbekannten zu erklären, den ich in Kay Pollaks Buch »Durch Begegnung wachsen« entdeckt habe: »Wenn ich dich bitte mir zuzuhören und du beginnst, mir Ratschläge zu geben, hast du nicht getan, worum ich dich gebeten habe. Wenn ich dich bitte mir zuzuhören, und du beginnst, mir zu erklären, weshalb ich nicht so fühlen sollte, wie ich es tue, dann trampelst du auf meinen Gefühlen herum. Wenn ich dich bitte mir zuzuhören, und du denkst, du müsstest etwas tun, um mein Problem zu untersuchen, dann lässt du mich im Stich – so merkwürdig sich das vielleicht auch anhören mag. Vielleicht helfen manchen Menschen Gebete deshalb so gut, weil Gott einfach hinhört, keine ungefragten Ratschläge erteilt und sich nicht einmischt, er hört nur zu und lässt mich selbst zurechtkommen. Deshalb sei so nett und höre mir einfach zu. Und wenn du reden möchtest, kannst du ja wohl eine Weile warten, bis du dran bist. Dann verspreche ich, dir zuzuhören.«

Mit dem Schweigen ist jedoch nicht nur gemeint, nicht zu sprechen, sondern ins Besondere, sich von Gedanken zu befreien, die einen im Alltag immer wieder beherrschen und an die Vergangenheit fesseln oder an der Zukunft festbeißen. Wenn das Grübeln zur Grundhaltung wird, legen wir nur noch einen Gedanken über den anderen, bis der Berg an Überlegungen so hoch ist, dass wir gar nichts mehr erkennen – weder uns selbst noch die Menschen in unserem Umfeld.

Gemeinschaft

Die Idee, dass es letztlich immer um gelingende Beziehung – die Beziehung Gottes zu den Menschen, die Beziehung des Menschen zu sich selbst und zu anderen – geht, ist mir auf mehrere Weise offenbar geworden. Darüber hinaus habe ich erlebt, dass es nicht nur um die Beziehung zu Gott und den Menschen geht, sondern zu allem, auch um die zu Produkten, Prozessen und Ergebnissen. Stehen wir in einer guten Beziehung zu den Menschen und den Dingen, fühlen wir uns ihnen verbunden. Verbundenheit ist ein Grundbedürfnis des Menschen. Eine erste Idee, dass die gelingende Beziehung der »Masterplan Gottes« sein könnte, hatte ich bei meiner Beobachtung der Mönchsgemeinschaft. Die ganz profane Frage, die sich mir stellte, war: Wie halten es die Mönche in dieser Gemeinschaft, die auf einen geschlossenen Raum begrenzt ist, Zeit ihres Lebens aus? Ein Impuls dazu war der Vortrag des ehemaligen Abtes, Pater Fidelis Ruppert, mit dem Titel: »Wie führe ich Menschen in einer Gemeinschaft, aus der ich nicht einfach jemanden entlassen kann?« Diese Gedanken hatte ich mir zuvor noch nie gemacht. Die Mönche mussten also offenbar eine Art des Zusammenlebens gefunden haben, die der guten, das heißt friedvollen Gemeinschaft dienlich war.

Eine zweite Idee, dass der »Masterplan« Gottes Gemeinschaft heißt, kam mir in der Auseinandersetzung mit drei weiteren Büchern: Das erste und wichtigste ist die Bibel. Überhaupt erst auf die Spur gebracht, in diese Richtung zu denken, hat mich sodann ein dünnes Heftchen mit dem Titel: »Die ganze Bibel in 77 Minuten« – eine Mitschrift eines 2010 gehaltenen Vortrages des katholischen Autors Johannes Hartl. Ein drittes Buch, das mir dabei hilft, diesen Plan in die Unternehmenspraxis umzusetzen, ist die Regel Benedikts.

Schon in der Einleitung zur Regel, bevor es also richtig losgeht, haben wir ein Ziel der Arbeit im Kloster als friedvolle Gemeinschaft beschrieben. Doch genau diese Gemeinschaft mit heilender und Lebensfreude spendender Qualität, wie ich sie im Kloster erlebt habe, scheint es in Unternehmen, aber auch in unserer Gesellschaft nicht so häufig zu geben. Viele sind davon eher so weit entfernt wie die Sonne vom Mond. Und so war es auch in unserem Unternehmen. Schon die Befragung der Mitarbeiter machte deutlich, dass die Stimmung extrem schlecht war. Und wenn ich den aktuellen Studien zu diesem Thema Glauben schenken darf, scheint sich die große Mehrheit der Mitarbeiter in ihren jeweiligen Unternehmen nicht wirklich wohlzufühlen. Spannend ist, dass laut einer Gallup-Studie 97 Prozent aller Führungskräfte dennoch glauben, einen guten Job zu machen, während 86 Prozent der Mitarbeiter aufgrund der gestörten Beziehung zu ihren Vorgesetzten kündigen. Offensichtlich gibt es unterschiedliche Auffassungen darüber, wozu Führung überhaupt dient. Noch nie waren die Raten der krankheitsbedingten Fehltage so hoch, insbesondere der aus psychologischen Gründen, und das, obwohl die Menschen heute im Vergleich zu ihren Vorfahren so wenige Stunden arbeiten wie nie zuvor in der Geschichte der Menschheit. Irgendetwas scheint in der Beziehung zwischen den Menschen nicht zu stimmen – das hatte ich ja selbst am eigenen Leib erfahren.

Heute, knapp zehn Jahre, nachdem wir uns auf den Weg gemacht haben, dem entgegenzuwirken, indem wir damit begonnen haben, den einzelnen Menschen und damit auch die Gemeinschaft zu stärken, wird sehr deutlich: Die Stimmung im Unternehmen ist wichtiger als jedes Wissen oder Kapital. Wenn man so will, beschreibt Benedikt das in seiner Regel im Kapitel über den Abt (RB 2,35): »Wegen des vielleicht allzu geringen Klostervermögens soll er sich nicht beunruhigen; vielmehr bedenke er das Wort der Schrift: ›Sucht zuerst das Reich Gottes und seine Gerechtigkeit, und dies alles wird euch dazugegeben.‹« Götz Werner, der Gründer der überaus erfolgreichen Drogeriekette »dm«, hat es einmal anders ausgedrückt: »Kümmere dich um die Menschen, dann kümmern sich die Ergebnisse um sich selbst.« Die Wahrheit dieser Aussagen haben wir eindrucksvoll erfahren, sogar mit Blick auf die klassischen Erfolgsfaktoren der Betriebswirtschaft: Allein im Jahr 2018 sind wir um 50 Prozent gewachsen. Es geht also darum, eine gute Stimmung im Unternehmen zu schaffen. Aber eine dauerhaft gute Stimmung entsteht nicht durch irgendwelche Konzepte, Strategien, neu geschaffene Positionen oder Titel und schon gar nicht durch »panem et circensis«, also »Brot und Spiele« wie Tischkicker, Tennisplätze und dergleichen, sondern indem ich etwas Sinnvolles unternehme – ich, ganz persönlich! Das ist etwas ganz Praktisches, ich muss es nur tun, mich täglich überwinden, mich in eine Richtung bewegen, die über den Eigenbedarf und Eigenvorteil hinausreicht.

Wie bedeutsam gelingende Beziehungen in einer Gemeinschaft sind, machten mir im Unternehmen zwei Erlebnisse deutlich bewusst. Das erste hatte ich, als wir die Teilnehmer unseres Curriculums fragten, was für sie gelingende Beziehung bedeutet. Die Antworten waren: Liebe, Nähe, Geborgenheit, Verbundenheit, Sicherheit, Stärkung und viele ähnliche Werte. Egal, wie viele unterschiedliche Gruppen wir befragten, die Menschen nannten immer die gleichen Werte, die für sie mit einer gelingenden Beziehung einhergingen. Das zweite Erlebnis hatte ich bei der Durchführung einer Übung, die wir 2016 als das sogenannte Ritual kennenlernten und sich seither als fester Bestandteil in jedem unserer Workshops und Schulungen wiederfindet. Das Ritual wurde von Patrick D. Cowden entwickelt, der 2008 das Unternehmen Beyond-Leadership gründete. Er ist zutiefst davon überzeugt, dass der Schlüssel zum Erfolg einer Organisation vorrangig in der Verbindungsqualität der beteiligten Menschen liegt. Er nennt das »The Power of Connecting«, und für ihn ist die gute Verbindung zwischen einzelnen Menschen die Voraussetzung dafür, dass Ziele erreicht werden

Das Ritual braucht nur wenig Zeit, je nach Gruppengröße sind das zwischen sechs und zwanzig Minuten. Es funktioniert ähnlich wie die Dyade, aber statt zwei Teilnehmern setzt man sich in Dreier- oder Vierergruppen zusammen. Gemeinsam stellt man sich zwei Fragen: »Wer bin ich?« und »Warum bin ich hier?«. Einer aus der Gruppe hat dann drei Minuten Zeit, diese Frage zu beantworten. Die beiden

ZuhörerInnen schweigen und schenken dem Redenden ihre ganze Aufmerksamkeit. Im Anschluss daran hat jede(r) ZuhörerIn sechzig Sekunden Zeit, um dem Redenden ein wertschätzendes Feedback zu geben. Anschließend übernimmt ein anderer aus der Gruppe das Reden und die übrigen hören zu und so weiter. Nach der ersten Runde fragten wir die Teilnehmer, was während der Übung zwischen den Beteiligten entstanden war. Die Antworten waren bei mittlerweile unzähligen Teilnehmern identisch: Offenheit, Wertschätzung, Respekt, Wärme, Dankbarkeit, Gemeinschaft, Zusammenhalt, Begegnung, Freude, Vertrauen, Ehrlichkeit, Sympathie und vieles mehr. Diese Übung zeigte mir eindrucksvoll, dass Soziales immer vor Inhaltlichem gehen sollte. Es geht darum, betroffene Menschen zu beteiligten Menschen zu machen.

DAS RITUAL 1

SICH FRAGEN
WER BIN ICH & WARUM BIN ICH HIER?
1 MINUTE
3 MINUTEN ANTWORTEN
ZUHÖREN & DANN
POSITIVES
FEEDBACK
GEBEN
OFFENHEIT ▹ VERTRAUEN ▹ FREUDE
STUFE 1 VON 3
1
2
3

»Stehen wir also endlich einmal auf!« – ins Handeln kommen

»Stehen wir also endlich einmal auf! Die Schrift rüttelt uns wach und ruft: ›Die Stunde ist da, vom Schlaf aufzustehen.‹«
(RB Prolog, 8)

»Jetzt müssen wir laufen und tun,
was uns für die Ewigkeit nützt.« (RB Prolog, 44)

Mein Klosteraufenthalt brachte mir, wie schon erwähnt, einige Erkenntnisse. Aber etwas theoretisch zu wissen ist etwas ganz anderes, als es praktisch umzusetzen. Natürlich sind die theoretischen Grundlagen wichtig, ich muss vielleicht auch erst etwas verstehen, ehe ich es wirklich tun kann. Aber alles »trockene« Wissen hilft mir nichts, wenn ich nicht beginne, es auch mit Leben zu füllen.

Als ich länger über die oben genannten Zitate aus der Regel nachdachte, erinnerte ich mich an eine Flipchartskizze, wie der Weg von der Theorie in die tatsächliche Praxis aussehen könnte, wie wir also ins Handeln kommen können.

Der Weg führt über drei Stufen: können, dürfen und wollen. Wenn ich etwas kann oder weiß, dann heißt das noch lange nicht, dass ich es auch tue. Und auch wenn ich etwas darf, bedeutet das noch lange nicht, dass ich es tue. Erst, wenn ich etwas wirklich will, komme ich in Bewegung. Beim Können und Dürfen geht es um erlangte oder zugesprochene Kompetenz. Beim Wollen allerdings um den Sinn. Wenn ich etwas als sinnvoll empfinde, komme ich in Bewegung. Um dieses Wollen geht es im Prolog, der Einführung der Regel, aus dem die beiden Zitate stammen. Der Prolog ist eine Aufforderung zum Handeln, das aus dem klaren Bewusstsein entsteht, wofür ich mich einsetzten möchte.

»Den unberechenbaren Tod täglich vor Augen haben«

Im Januar 2019 fuhren wir mit dem Team der Emder Zentrale zu einem Mitarbeiterausflug nach Kühlungsborn. Die Busfahrt dauerte mehrere Stunden und so hatte ich die Chance, mich mit den anderen zu unterhalten. Dabei kam ich mit Julia ins Gespräch, einer langjährigen Mitarbeiterin, die ich schon vor ihrer Tätigkeit im Unternehmen kannte. Wir kamen auf den Tod zu sprechen, und sie ließ mich daran teilhaben, wie sie ihren Vater vor Jahren bis zum Ende begleitet hatte. Er war an Speiseröhrenkrebs erkrankt und hatte sich dafür entschieden, auch die letzten Monate seines Lebens bei sich zu Hause auf dem Land zu verbringen. Als die Stunde seines Ablebens näherkam, versammelten sich alle im Haus, um sich von ihm zu verabschieden. Schon getrübt durch die Medikamente und sehr schwach ging er dem Ende entgegen, und so verbrachte Julia die letzten Minuten im Leben ihres Vaters schweigend an seiner Seite. Sie erzählte mir, dass die letzten Worte, die er noch über seine Lippen brachte, waren: »Was bleibt, sind die Erinnerungen.«

Mich hat das sehr berührt, weil ich es aus meiner persönlichen Erfahrung während meiner Entführung im Jahr 1998 nachempfinden konnte. Ich wurde das Opfer von Kidnappern. Acht Tage hielten sie mich gefangen, um von meinen Eltern Geld zu erpressen. An jedem dieser Tage inszenierten sie eine Scheinhinrichtung, die ich über mich ergehen lassen musste. Bei der letzten warfen sie mir

Schlaftabletten hin, die ich nehmen sollte, damit die Entführer anschließend meinen Körper ohne Widerstand beseitigen konnten. Ich nahm die Tabletten, und nachdem ich mich während der vorherigen sieben Scheinhinrichtungen schon mehrmals bewusst von meinem Leben verabschiedet hatte, tat ich es auch dieses Mal wieder. Im Angesicht meines Todes musste ich mich im Geist wieder einmal von allem lösen und verabschieden: von der Zukunft, von den materiellen Dingen, von den Menschen, die ich liebte. In dem Moment, in dem ich mich von meinem Leben noch einmal mehr bewusst verabschiedet und den Tod angenommen habe, lösten sich all die im Leben vermeintlich wichtigen Dinge einfach auf – nahezu vollständig. Das Einzige, was sich nicht auflöste, von dem ich mich weder verabschieden wollte noch konnte, waren meine Erinnerungen.

Im Bus sitzend und mit diesem Thema sehr verbunden, machte ich mir Gedanken darüber, was die Quelle einer Erinnerung ist, woraus sie sich nährt, was geschehen sein muss, damit wir uns wirklich an etwas erinnern. Ich glaube: Die Quellen unserer Erinnerungen sind weder Wissen noch Theorie. Das, was ich in Büchern gelesen, in Konzepten beschrieben oder in Schulungen gelernt hatte, war im Angesicht des Todes vollkommen bedeutungslos, ich konnte mich nicht daran erinnern. Bleibende Erinnerungen nähren sich auch nicht aus materiellem Besitz. Im Angesicht des Todes spielte all das, was ich bis dahin besaß, überhaupt keine Rolle: meine tolle Wohnung, mein schickes Auto, die teure Uhr. »Das letzte Hemd trägt keine Taschen«, heißt es doch ganz passend im Volksmund.

Was ich für mich erkannte, war, dass es bei Erfahrungen weniger um das Lernen, sondern mehr um das Einüben, das tägliche Trainieren geht. Im Alltag erlebe ich immer wieder Lippenbekenntnisse und Vorsätze. Es wird so viel gesprochen und so viel geschrieben. Aber das ist nicht das, woran wir uns später erinnern werden. Wir wissen sehr viel und handeln sehr wenig. Doch wenn wir uns im Angesicht des Todes an etwas Schönes erinnern wollen, etwas Schönes sehen möchten, dann müssen wir es vorher tatsächlich erlebt haben. Viele Menschen stellen sich die Frage, ob es ein Leben nach dem Tod gibt. Aber vielleicht sollten sie sich lieber die Frage stellen, ob es ein Leben vor dem Tod gibt. Es geht darum, das gute Leben wirklich zu leben und es nicht einfach nur zu denken.

Manchmal habe ich das Gefühl, dass viele ein bequemes Leben mit einem guten Leben verwechseln, doch bequeme Menschen bewegen sich nicht, und schon gar nicht außerhalb ihrer Komfortzone.

Die deutsche Poetry Slammerin Julia Engelmann hat es in ihrem Text »Eines Tages, Baby« auf den Punkt gebracht (live zu hören und zu sehen unter diesem Link: https://www.youtube.com/watch?v=ti_iSp9zYHY, abgerufen am 26.07.2019).

Für mich drückt dieser ergreifende Slam auch Inhalte der Regel aus, ganz besonders die des zweiten Kapitels. Dort heißt es: »Er mache alles Gute und Heilige mehr durch sein Leben als durch sein Reden sichtbar.« Albert Einstein meinte: »Wenn du Menschen zu etwas bewegen willst, ist das Vorleben nicht eine, sondern die einzige Möglichkeit, das zu tun.« Es geschieht nichts Gutes, außer du tust es, könnte man die beiden Aufforderungen einfach zusammenfassen. Bewegen werden wir nur etwas, wenn wir es vorleben, selbst handeln und nicht »gehandelt werden«. Was unser Handeln prägt, sind innere Bilder, sind Erfahrungen, etwas, das wir gesehen, erlebt und gefühlt haben. Schon Konfuzius wusste: »Sage es mir und ich werde es vergessen, zeige es mir und ich werde es vielleicht behalten, lass es mich tun und ich werde es können.«

Wenn ich etwas verstehen will, dann muss ich mir zumindest ein Bild davon machen können. Das ist auch der Grund, weshalb wir mit unseren Auszubildenden in die Arktis reisen, den Kilimanjaro besteigen oder mit unseren Mitarbeitern regelmäßig nach Ruanda reisen. Wenn ich versuchen würde, die afrikanische Lebensphilosophie Ubunthu theoretisch zu beschreiben, hätte das nicht ansatzweise die Wirkung, als wenn ich mich in der leibhaftigen Gegenwart eines sechsjährigen, völlig verarmten Schulkindes im afrikanischen Busch bewege. Dieses Kind hat trotz der Umstände das Leuchten in seinen Augen nicht verloren und antwortet mir auf die Frage, was es denn später einmal arbeiten möchte: »Ich will Ärztin werden.« Auf meine Nachfrage, wieso Ärztin, sagt es: »Meine Mutter liegt krank zu Hause, dann kann ich helfen.« Nichts zu haben und doch alles zu geben, schwingt in diesem Erlebnis mit, was bei all denen, die das miterlebt haben, zu nachhaltigen Änderungen in ihrem deutschen Alltag geführt hat. Es geht ums Erleben. Dazu müssen wir nicht unbedingt nach Afrika fahren. Manchmal sind es auch die alltäglichen Dinge, die uns dabei helfen können, ein inneres Bild zu entwickeln, um immer wieder ins Handeln zu kommen.

Was konkret zu tun ist

Aber wie sieht das in der Praxis aus? Wie kann eine »Schule für den Dienst des Herrn«, wie sie in der Regel gefordert wird, in einem Unternehmen Wirklichkeit werden? Ohne dass mir damals dieser konkrete Zusammenhang bewusst gewesen wäre, ist seit 2012 das sogenannte Upstalsboom Curriculum entstanden. Es besteht aus insgesamt sechs Modulen und ist mit seinem Inhalt und seiner Struktur unbedingt darauf ausgerichtet, Menschen zu ermutigen, zu unterstützen oder bei Bedarf sogar zu helfen, die Herausforderungen des Lebens und der Arbeit besser zu meistern und selbst ins Handeln zu kommen. Das Curriculum bietet einen Raum, in dem die Upstalsboomer und ihre Kursgäste sich ihrer bisherigen Lebenserfahrungen bewusster werden und diese, zusammen mit den von uns im Spannungsfeld von Spiritualität und Wissenschaft gewonnenen Erkenntnissen, sinnvoll in ein persönliches Wachstum und die Entwicklung ihrer eigenen Persönlichkeit investieren. Gerade in den ersten Modulen des Curriculums geht es ausschließlich um den Menschen. Wir versuchen, wie Pater Anselm es beschrieben hat, den Menschen dabei zu unterstützen, seiner eigenen Wahrheit ein Stück näher zu kommen und sein persönliches Leitbild zu gestalten oder seinen inneren Kompass zu finden und auszurichten. In den weiterführenden Modulen geht es dann darum, die Erfahrungen und Erkenntnisse der Selbstführung auf die der Führung einer Gemeinschaft anzuwenden – immer mit dem Ziel, den Einzelnen als wichtigen Teil für eine gelingende Gemeinschaft zu stärken.

Mittlerweile sind wir in unserem Unternehmen so weit vorangeschritten, dass die Entwicklung, die Stärkung des Menschen, zu unserem Proprium, zu unserem wesentlichen Anliegen geworden ist und die Hotels ein wunderbares Mittel zum Zweck sind, diesen menschlichen Wachstumsprozess zu unterstützen. Das, was die Hotels uns ermöglichen, ist die Begegnung mit Menschen, und durch die Begegnung, die Gastfreundschaft, haben alle daran Beteiligten die Chance, in dieser Begegnung zu wachsen.

Aber es geht nicht nur darum, die Schulungen eines Unternehmens auf die Stärkung des Menschen hin auszurichten, sondern nach und nach konsequent alles, was im Zusammenhang mit einem Unternehmen zu betrachten ist. Das heißt: Was bedeutet das für die Angebote, Produkte, Kommunikation, Organisation, Projekte und Gewohnheiten, wenn sie maximal auf die Stärkung des Menschen ausgerichtet werden sollen? Die Regel Benedikts gibt uns hierzu wichtige und klare Hinweise, aus denen sich letztlich auch die Auswirkungen auf darin nicht direkt beschriebene Themen wie Angebot und Produkt ableiten lassen.

Auf die Frage eines Mitarbeiters, wie er die Inhalte des Curriculums in die Praxis umsetzen könne, ermutigte ich ihn dazu, in den kommenden vier Wochen morgens kalt zu duschen. Ich schaute in ein nicht nur erstauntes, sondern auch ziemlich zusammengezogenes Gesicht voller Fragezeichen. Ich erklärte ihm, dass das Kaltduschen zu meinen morgendlichen Gewohnheiten zählt – und was das mit der Überwindung, ins Handeln zu kommen, zu tun hat. Ich stand heute Morgen unter der Dusche, ziemlich müde, weil es gestern spät geworden war. Zudem hatte ich nicht so gut geschlafen und im Bett war es besonders kuschelig warm. Unter der Dusche dachte ich dann: »Du musst ja nun auch nicht immer kalt duschen.« Ich hatte den Gedanken noch nicht zu Ende gedacht, da stand die Armatur auf blau und das eiskalte Wasser prasselte über meinen Körper. Das Bild, das ich mir irgendwann einmal in meinem Kopf zurechtgelegt habe, ist, dass ich jedes Mal, wenn ich mich überwinde, mich unters eiskalte Wasser zu stellen, für diesen einen Tag einen Impuls zum Handeln bekommen habe. Das meint: Solange ich morgens kalt dusche, wird es an dem jeweiligen Tag keine Situation geben, in der ich zögere, etwas zu tun, dann werde ich am Ende des Tages keinen Konjunktiv benötigen. Ich trainiere damit ganz bewusst, mich in einen Widerstand »hineinzulegen« und ihn zu überwinden. So kann eine Kleinigkeit wie eine kalte Dusche zu einer guten Trainingseinheit werden, wenn es darum geht, sich auch an anderer Stelle zu überwinden. Die Fähigkeit, sich zu überwinden, ins Handeln zu kommen, kann man trainieren. Einfach einmal ausprobieren!

Ein weiteres Bild, das mir immer wieder hilft, mich zu überwinden, hat seinen Ursprung in meiner Kindheit. Ich war damals sieben oder acht Jahre alt und wollte mir und anderen immer wieder beweisen, wie mutig ich bin. Dazu krabbelte ich in unserem Emder Hallenbad auf den Fünfmeterturm und sprang hinunter. Ich erinnere mich noch sehr gut an dieses Gefühl bei den ersten Sprüngen. Da war der innere Wiederstand, die Frage: Mach ich es oder mache ich es nicht? Und dann einfach der Sprung in die ungeklärte Frage hinein, dieses Gefühl während des Absprungs, nun nicht mehr zurück zu können, die Ungewissheit während des Sprungs, die Überraschung des Eintauchens und das sich anschließende Glücksgefühl, das allen Widerstand und alle Unsicherheit in Luft auflöste. Dieses Bild und die damit einhergehenden Gefühle helfen mir in vielen Situationen, mich zu überwinden. Und es war genau dieses Bild, was mich im Jahr 2010 dazu ermutig hat, die desaströse Mitarbeiterbefragung mit Sätzen wie: »Wir brauchen einen anderen Chef als Bodo Janssen« den Mitarbeitern unzensiert zu präsentieren und mich der Herausforderung zu stellen. Ich glaube, dass jeder Mensch sich an Situationen in seiner Kindheit erinnern kann, in denen er sich überwunden hat, etwas zu tun. Vielleicht macht es Sinn, sich daran auch im Alltag immer wieder einmal zu erinnern.

Vom Überwinden zur guten Gewohnheit

Ziel ist, das aus dem Willen heraus entstehende Handeln mit seinen immer wiederkehrenden Widerständen zu überwinden und in das Handeln aus einer guten, dem Leben dienenden Gewohnheit zu kommen. Nur aus dem Willen heraus zu handeln, also für jedes Tun eine willentliche Entscheidung fällen zu müssen, ist dem Körper und dem Geist auf Dauer zu anstrengend. Abgesehen davon kommt der Wille immer zu spät. Es geht eher um intuitives Handeln, das ich als Einklang von Kopf und Herz beschreiben würde. Beide sind rein biologisch eher darauf ausgerichtet, möglichst energiesparend zu funktionieren. Die Willenskraft, die uns für unsere Handlungen zur Verfügung steht, ist eine extrem limitierte Ressource, und auch die Qualität der Entscheidungen nimmt mit ihrer Häufigkeit ab. Das meint: Am Ende eines Tages, wenn wir müde sind, treffen wir, wenn überhaupt noch, die schlechtesten Entscheidungen.

Aus diesem Grund müssen die Schritte zunächst sehr klein sein, die wir aus unserer Willenskraft heraus unternehmen, damit wir auf dem Weg zur Gewohnheit nicht aufgeben. Das kann zum Beispiel das Drehen an der Mischbatterie meiner Dusche sein. Laut einer psychologischen Studie brauchen wir 66 Tage täglicher Praxis, um aus einem Akt eine Gewohnheit werden zu lassen. Der wichtigste Aspekt dabei ist das praktische Tun, denn theoretisches Wissen allein bewirkt nichts, praktische Anwendung alles. Eine gute Gewohnheit entsteht nicht dadurch, dass ich etwas denke. Zudem ist der Weg zur guten Gewohnheit ein »enger«, wie es die Regel im 48. Satz des Prologs sagt: »... dann lass dich nicht sofort von Angst verwirren und fliehe nicht vom Weg des Heils; er kann am Anfang nicht anders sein als eng.« Dieser enge Weg schont die Ressourcen, erfordert keine zwischenzeitlichen Entscheidungen und lässt weder Kompromisse noch Alternativen zu. Was das Einüben einfacher macht, ist so etwas wie eine vorweggenommene Entscheidung: »In den kommenden Wochen ziehe ich das durch, egal, was passiert!« Auch das genaue Gegenteil kann eine große Hilfe auf meinem Weg sein, indem ich mir jeden Tag sage: »nur heute«. Wenn ich mir zum Beispiel vornehme, in Zukunft etwas weniger zu essen, dann kann diese Vorstellung mit Blick auf die nächsten Wochen ganz schön frustrierend sein. Wenn ich mir aber jeden Tag aufs Neue einfach sage: »Nur heute esse ich ein bisschen weniger«, dann wirkt das überschaubarer und nicht so belastend, denn die Perspektive auf nur einen Tag lässt sich besser verkraften. Des Weiteren ist eine Gemeinschaft sehr hilfreich bei der Entwicklung guter Gewohnheiten – man muss etwas nicht allein tun und es auch nicht allein durchhalten. Andere sind auf dem gleichen Weg und motivieren mich mit ihrer Kraft, wenn ich mich selbst schwach fühle. So wie bei Silke, eine Upstalsboomerin, die das Laufen zu ihrer Gewohnheit gemacht hat. Allerdings brauchte es dafür eine Laufgemeinschaft, die ihr über zwei Jahre das Gefühl vermittelte, dass da jemand auf sie wartet. Heute genießt sie noch die Gemeinschaft, braucht sie aber nicht mehr, wenn es darum geht, sich zum Laufen aufzuraffen.

In unserem Curriculum gibt es die Möglichkeit, an einer »Challenge« teilzunehmen, bei der es unter anderem darum geht, sein Bewusstsein in körperlichen, geistigen und sprachlichen Belangen weiterzuentwickeln. Wer sich alleine auf den Weg macht, gibt häufig frühzeitig auf. Diejenigen, die sich zu Interessengemeinschaften zusammenschließen, ähnlich wie die Mönche es im Kloster auch tun, meistern die Challenge in der Regel und können dadurch Gewohnheiten entwickeln, die sie dabei unterstützen, sich selbst näher zu kommen, sich ihrer selbst bewusster zu werden. Mich erinnert es zudem an einen afrikanischen Spruch, den einer der Upstalsboomer für sich als Leitsatz formuliert hat: »Wenn du schnell sein willst, dann gehe alleine. Wenn du aber weit kommen willst, dann nimm dein Dorf mit.«

Jan Luka überwindet sich

Wie es zu einer guten Gewohnheit werden kann, sich zu überwinden und etwas zu tun, zeigt die Geschichte von Jan Luka. Vor gut zwei Jahren kam er mit 18 Jahren zu uns ins Unternehmen. Was seinerzeit außer ihm keiner wusste, war, dass er an Depressionen litt. Immer wieder gab es Phasen, in denen er sich niedergeschlagen fühlte, Alkohol trank, sich zurückzog und sich vollkommen vor seinen Kollegen, seinen Freunden und seiner Familie verschloss. Er wollte dann einfach nur für sich sein, fühlte sich damit aber schlecht. Als wir im November 2017 eine weitere »Tour des Lebens« planten, bewarb sich auch Jan Luka. Die »Tour des Lebens« ist ein Projekt, bei dem wir junge Menschen dazu ermutigen, sich über das Erleben anspruchsvoller Situationen und das Meistern vermeintlich unüberwindbarer Herausforderungen selbst wieder ein Stück näher zu kommen. Wir möchten ihnen ermöglichen, den Glauben an sich wiederzufinden und mit Blick auf ihr verbleibendes Leben stärker in Bewegung zu kommen. Wenn das geschehen soll, muss man Menschen emotional berühren.

Eine solche Tour hatte die Qualität und Intensität, dass das geschieht. 2018 sollte es zum Polarkreis gehen. Zusammen mit dem weltweit bekannten Expeditionisten Borge Osland organisierten wir eine Tour, die uns zu dem Gipfel des Newton Toppen, dem höchsten Punkt der Inselgruppe Spitzbergens, führen sollte. Im November 2017 machte sich Borge Osland zu uns nach Emden auf, um interessierten Auszubildenden die potenziellen Herausforderungen dieser extremen Polartour näherzubringen. Uns war schnell klar, dass es diese Tour ganz schön in sich haben wird. Es ging um Herausforderungen wie extreme Temperaturen, Eisbären, Gletscherspalten, Whiteouts, aber auch Eintönigkeiten, Nähe, Einsamkeit, Stille, die die Menschen über den Zeitraum von vierzehn Tagen überwinden mussten, während sie auf Skiern 130 bis 140 Kilometer innerhalb von zwei Wochen zurücklegten.

Unter den Interessierten war auch Jan Luka. Nachdem alle Informationen auf dem Tisch lagen, entschied er sich, sich zu bewerben.

Er berichtete, was seine Gründe waren, die ihn zu Upstalsboom geführt hatten, und wie er die Kultur bei uns im Unternehmen erlebte. Zudem wollte er die »Tour des Lebens« für sich nutzen, um Orientierung für sein und in seinem Leben zu finden, Klarheit darüber zu gewinnen, wo und wie es weitergeht, und sich für das weitere Leben stärken. Ihm schien bewusst, dass Entwicklung ganz besonders außerhalb der Komfortzone stattfindet.

Er war dann auch einer von den neun Auszubildenden, die sich im Februar 2018 auf den Weg nach Norwegen machten, um bei einer Probetour und Temperaturen von minus 35 Grad die ersten Erfahrungen mit Schnee und Eis und dem (Über-)Leben unter so krassen Bedingungen zu machen. Es ging darum, sich die ersten Meter auf Langlaufskiern zu bewegen, in kniehohem Schnee seinen Toilettengang zu verrichten, auf dem blanken Eis Zelte aufzubauen und sein Essen gut zu rationieren. Allein die Erfahrung, bei minus 35 Grad draußen in einem Zelt zu übernachten, setzte allen zu. Es war ein zweitägiger Vorgeschmack, der deutlich machte, um was es in der Arktis in erster Linie gehen würde: sich täglich zu überwinden, etwas zu tun, was wir uns nicht vorstellen konnten, sich zu überwinden, ins Unbekannte zu gehen – ohne Netz und doppelten Boden.

Im August 2018 war es dann für die gesamte Gruppe soweit und wir flogen über Norwegen nach Oslo und weiter nach Svalbard, der Hauptstadt Spitzbergens. Dort angekommen, bereiteten wir uns mit unseren Guides darauf vor, uns von einem Polarschiff nördlich der Hauptstadt absetzen zu lassen, um uns in den darauffolgenden vierzehn Tagen den Herausforderungen mit uns selbst und unter den äußeren Rahmenbedingungen zu stellen.

Nachdem wir mit der MS »Polargirl« den Gletscher in der Adolfs Bay erreicht hatten, machten wir unsere Schlauchboote fertig, schnürten unsere Ausrüstung zusammen und setzten über. Dort angekommen, sahen wir dem Schiff nach, bis es aus unserem Blickfeld verschwunden war. In vierzehn Tagen erst, so wurde uns bewusst, würden wir es und mit ihm die Zivilisation wiedersehen – hoffentlich!

Diese Reise zeigte uns tatsächlich, dass es zu einer Gewohnheit werden kann, sich zu überwinden. Und dass man genau das trainieren kann. Das begann damit, dass wir dort an Land gehen mussten, wo sich das Hauptjagdgebiet der Eisbären befindet. Dann stellten wir fest, dass der Gletscher weiter geschmolzen war, als wir es vermutet hatten, was für uns bedeutete, dass wir unsere Schlitten samt der Ausrüstung erst einmal knapp einen Kilometer und 300 Höhenmeter über Stein und Schotter, reißende Bäche und steile Passagen an den Rand des Gletschers bringen mussten. Es ging also nicht nur darum, sich das Unvorstellbare vorzustellen, sondern sich zu überwinden, es auch zu tun. Es gab keine andere Option.

Egal, was wir in diesem Moment taten: Es war immer das erste Mal, für alle. Es ging immer wieder um einen Anfang mit ungewissem Ausgang. Zum Beispiel, bei Eis und Schnee mit Schneeschuhen über die rasiermesserscharfe Eisschicht des Gletschers zu gehen, acht Stunden auf Skiern auf glattem Eis zu laufen, tiefe Gletscherspalten zu überwinden und bei Windstärke 9 – Sturm – das Nachtlager auf dem blanken Eis aufzubauen. Wir waren völlig übermüdet, überwanden uns aber trotzdem, obwohl sich eigentlich keiner von uns vorstellen konnte, dafür noch die Kraft zu haben. Dann die erste Nachtwache in einer taghellen Nacht: Jeder von uns musste eine gewisse Zeit vor dem Zelt verharren, um die Übrigen beim Auftauchen eines Eisbären zu warnen. Das war in Phasen des Whiteouts – Schneesturm und Sonne gleichzeitig, was es unmöglich macht, Himmel und Erde voneinander zu unterscheiden und einen die Orientierung verlieren lässt – eine ganz besondere Herausforderung, denn dann ist alles weiß in weiß und keiner von uns konnte die Hand vor Augen sehen. So waren die einsamen Wachen, bei eisigem Wind in der Mitte des Zeltdorfes stehend, auch etwas, wozu sich jeder Einzelne immer wieder überwinden musste. Vor allem, wenn es drei Uhr morgens war, man noch im warmen Schlafsack lag und die Lust, sich die warmen Sachen und die kalten, durchgefrorenen Schuhe anzuziehen, doch sehr in Grenzen hielt. Dann das ewige Gehen im Whiteout. Stunden um Stunden, hintereinander an einem Seil gesichert, den Himmel wieder nicht vom Boden unterscheiden zu können und trotzdem einfach nicht aufzuhören mit dem Gehen.

Aber noch etwas brachte diese Situation mit sich: In einer Reihe am Seil gehend, war Reden unmöglich. Dafür gab es umso mehr Gelegenheit, in der Stille den Gedanken zu begegnen, die wir bei der Oberflächlichkeit und in der Verworrenheit des Alltags nicht zulassen. Das zu denken, was wir noch nie gedacht hatten, bis zum Ende, bis da nichts mehr war. Wir ertrugen die Lautstärke der Stille oder auch einfach die Stille an sich.

Ich überwand mich, meinen Emotionen freien Lauf zu lassen, als sich das Whiteout auflöste und ich beim Anblick der bizarren Schönheit dieses wohl schönsten Flecken der ganzen Welt, der von uns Menschen so sehr bedroht ist, in nicht enden wollende Tränen ausbrach. Diese Eindrücke, frei von jeglichen Gedanken, fanden ihren Weg unmittelbar in meine Seele.

Wir mussten jedoch diese Emotionen auch verarbeiten. Das bedeutete, sich zu überwinden, vor anderen zu weinen – vor Erschöpfung, aber auch vor Glück. Es waren unvorstellbare Strapazen für die jungen Menschen, die zuvor noch nie auf Skiern gestanden hatten und sich nun den Tagesetappen stellten, die weit über ihre Kräfte hinausgingen. Sie überwanden Krankheiten, stellten sich dem meteorologischen und emotionalen Sturm entgegen, überwanden zum

Teil ihre Todesangst auf dem Weg zum Gipfel des Newton Toppen. Und machten die Erfahrung, dass es nicht zu Ende ist, wenn man oben ist.

In diesem Eis, in dieser bizarren, unglaublich schönen Landschaft wie von einem anderen Stern, begann das Eis von Jan Lukas Verschlossenheit zu schmelzen. Er fing an, sich für alles um ihn herum zu interessieren: Er fragte, wie es möglich ist, im Eis zu navigieren, übernahm Aufgaben für die Gruppe und stärkte damit nicht nur die anderen, sondern auch sich selbst. Im weiteren Verlauf der Reise wuchs er immer weiter über sich hinaus, bis er sogar bei einer der letzten Etappen die Führung der Gruppe durch das Eis übernahm. Auch er musste sich wie alle anderen überwinden, etwas zu tun. Und das blieb nicht ohne Folgen.

Nach Deutschland zurückgekehrt, dauerte es nicht lange, bis sich für ihn wieder Situationen ergaben, in denen es galt, sich zu überwinden. Da war zum Beispiel meine spontane Anfrage, ob er sich auf den Weg nach Wien machen könnte, nicht nur, um für ein TV-Interview zur Verfügung zu stehen, sondern sich zudem von dem weltweit führenden Forscher im Bereich des nachhaltigen Personalmanagements, Prof. Dr. Michael Müller-Camen von der WU Wien, vor über 400 Zuschauern interviewen zu lassen. Doch die viel entscheidendere Überwindung war, dass er sich mit Blick auf seine Krankheit seinem Umfeld gegenüber öffnete. Er fing an, zunächst mit seinen Freunden, dann mit seinen Kollegen, aber auch mit mir und anderen Teilnehmern unserer Curricula über Depressionen zu sprechen und machte anderen Mut, es ebenfalls zu tun. Ich erinnere mich an eine Olympiasiegerin, die an einem unserer Seminare teilnahm und, während er seine Geschichte erzählte, vor Dankbarkeit und Berührung in Tränen ausbrach. Dieser Mensch ist dadurch, dass er sich überwunden hat, sich zu offenbaren, zu einem Segen für seine Mitmenschen geworden, aber natürlich auch zum Segen für sich selbst und seine Genesung. Denn erst mit der Annahme der Krankheit und seiner Öffnung gegenüber anderen hat er sich die Chance gegeben, die Krankheit zu überwinden.

Verantwortung übernehmen – für mich und mein Tun

Doch wie überwinden wir die Hürde zwischen Theorie und Praxis, wenn andere nicht mitmachen wollen oder die äußeren Rahmenbedingungen nicht passen? Nach meinen Vorträgen werde ich immer wieder gefragt, wie denn damit umzugehen sei, wenn der Vorgesetzte nicht mitzieht, die Struktur es nicht zulässt, die Organisation zu groß ist oder es kein Budget dafür gibt, das umzusetzen, worüber ich gesprochen habe. Die Antwort, die die Teilnehmer dann von mir erhalten, gefällt den meisten nicht. Ich mache sehr deutlich, dass das, worum es geht, sehr wenig mit dem Vorgesetzten zu tun hat, noch weniger mit den Strukturen oder schon gar nicht mit einem Budget. Es geht um das Kultivieren von guten Gewohnheiten. Das hat etwas mit mir zu tun.

Nichts und niemand, außer ich selbst, kann mich davon abhalten, mich so oder so zu verhalten. Die Frage, auf die ich damit antworten muss, ist: Verhalte ich mich gegenüber meinen Mitmenschen so, dass sie geschwächt aus der Begegnung mit mir hervorgehen, oder verhalte ich mich so, dass es den Mitmenschen in meinem Umfeld gutgeht? Die letzte Freiheit, die uns als Mensch bleibt, ist, sich zu den Dingen so oder so einzustellen, sich so oder so zu verhalten. Ich selbst, und nur ich treffe die Entscheidung, ob ich jemanden unterdrücke oder aufrichte, ob ich einer Herausforderung ausweiche oder mich ihr stelle, ob ich eine Anschuldigung annehme oder mich rechtfertige, ob ich jemandem helfe oder Hilfsbedürftigkeit ignoriere, ob ich jemanden anschaue und lächle oder dem Blick ausweiche, ob ich mich anbiete oder zurückziehe, ob ich offen meine Meinung sage oder es doch lieber hinter dem Rücken tue. Ich selbst entscheide, mit welchem Verhalten ich meinen Mitmenschen begegne, welche Gewohnheiten ich an den Tag lege. Die entscheidende Frage hierbei ist: Wie wirkt sich mein Verhalten auf das Leben anderer Menschen aus?

Eine Kultur ist nicht mehr oder weniger als die Summe der Verhaltensweisen der Menschen, die sich in einer Gemeinschaft bewegen. Ich erlebe im Gespräch immer wieder, dass der Wandel im Unternehmen scheinbar abhängig ist von den Strategien, Konzepten, riesigen Projekten, agilen Programmen oder was sich die Menschen aus ihrer Sicht immer einfallen lassen, um den Wandel voranzubringen. Im Endeffekt geht es aber ganz besonders um den Einzelnen: Was tut der Einzelne dafür, dass etwas in Bewegung kommt? Eins ist sicher: Wir können andere Menschen nicht verändern. Und darauf zu warten, dass sich etwas wandelt, ohne dass ich mich bewege, ist, als ob ich mich an einen Bahnhof stelle und auf ein Schiff warte. Es kommt also auf jeden Einzelnen an.

Deutlich wird dies auch an einer Geschichte von Br. Raimund van der Thannen, der jahrelang als Einsiedler in den österreichischen Alpen gelebt hat und den Titel »Das Fest« trägt. Sie handelt von einem wohlhabenden Mann, der ein Fest ausrichten wollte. Damit es besonders schön wird, bat er jeden Gast, einen Beitrag zu leisten, und zwar in Form einer Flasche Wein. Dieser Wein sollte in einem großen Fass gesammelt und dann an alle ausgeschenkt werden. Als das Fass dann beim Fest angezapft wurde, rann nur Wasser in den Krug. Jeder Gast hatte gedacht: »Auf mich kommt's nicht an, wenn alle anderen Wein mitbringen, kann ich ruhig Wasser in meine Flasche füllen.« Das Fest fand nicht statt!

»Auf mich kommt es nicht an«, ist eine der häufigsten Entschuldigungen, die ich zu hören bekomme, um etwas nicht zu tun. Doch eins ist sicher: Ich bin nicht nur verantwortlich für das, was ich tue, sondern auch ganz besonders für das, was ich *nicht* tue.

Zudem erlebe ich immer wieder, dass die Menschen in den Vorträgen, Workshops oder Seminaren Substantive mit Verben verwechseln. Wenn wir uns gemeinsam darüber austauschen, was es für eine gelingende Gemeinschaft braucht, dann nennen sie Begriffe wie Vertrauen, Zuverlässigkeit, Offenheit, Respekt. Und wenn ich dann frage, durch welches konkrete Verhalten zum Beispiel Vertrauen entsteht, dann bekomme ich eine Antwort, die nicht aus Verben besteht, sondern aus weiteren Substantiven wie Zuverlässigkeit oder Offenheit. Es scheint manchen schwerzufallen, wirklich aktiv zu denken – und aktiv zu werden. Hier sehe ich tatsächlich eine große Chance in der Entwicklung des Bewusstseins, wenn man verstanden hat, dass Werte wertlos sind, wenn sie nicht gelebt werden. Ich kann mir viel Geld und Zeit sparen, die ich in Bücher, Seminare oder die Erarbeitung von Konzepten und Strategien investiere, wenn nicht auch tatsächlich etwas daraus entsteht. Ich selbst musste die Erfahrung machen: Je mehr Projekte ich initiierte, desto weniger kam in Bewegung. Heute versuchen wir immer häufiger, Projekte durch individuelle Selbstverpflichtungen zu ersetzen, die aus einem gewonnenen Bewusstsein zu einem neuen Thema entstanden sind. Die Fragen, die wir uns in diesem Zusammenhang nach jedem Workshop in der Ritual-Übung stellen, sind: »Was ist mir heute bewusst geworden?« und »Was werde ich morgen konkret in diesem Bewusstsein tun?«.

Die Werkzeuge der geistlichen Kunst – ein Vorbild guter Gewohnheiten

»Das sind also die Werkzeuge der geistlichen Kunst.« (RB 4,75)

»Wir wollen also eine Schule für den Dienst des Herrn einrichten.« (RB Prolog, 45)

»Die Werkstatt aber, in der wir das alles sorgfältig verwirklichen sollen, ist der Bereich des Klosters und die Beständigkeit in der Gemeinschaft.« (RB 4,78)

Die »Schule des Herrn« bedeutet auf heute übertragen für uns, einen Ort zu schaffen, an dem Menschen Unterstützung darin finden, das »Leben zu lieben«, wie Benedikt sagt. Er verwendet aber noch einen weiteren Begriff, den wir in unserer Organisation bereits fest verankert haben: die Werkstatt. In unserer Zentrale gibt es die Zahlen- und Vertragswerkstatt, die Kommunikationswerkstatt, die Kulturwerkstatt und Ferienwohnungen- und Servicewerkstatt. Auch den Werkzeugen, die hier genutzt werden, hat Benedikt ein eigenes Kapitel gewidmet. Er nennt es »die Werkzeuge der geistlichen Kunst«, anders ausgedrückt: 74 Werkzeuge für ein gelingendes Leben.

Hinter dem Begriff »Werkzeug« steckt die gute Gewohnheit und damit die Antwort auf die Frage: Was kann ich täglich dafür tun, dass mein Leben gelingt, dass mir die Zeit mit meiner Arbeit und den Menschen in meiner Nähe Freude bereitet? Das Unternehmen ist also die Werkstatt für ein gelingendes Leben, während die guten Gewohnheiten die dafür erforderlichen Werkzeuge sind.

Über die Gewohnheiten hinaus geht es um die Rahmenbedingungen, die zu diesem Gelingen beitragen. Bei den Benediktinern spielt in dieser Hinsicht zum Beispiel das »ora et labora« eine wesentliche Rolle. Auch wenn dieser Satz so nicht in der Regel zu finden ist, leitet er sich aus einem Satz im Kapitel »Bußen für Unpünktlichkeit« ab. Da heißt es: »Dem Gottesdienst ist nichts vorzuziehen.« Was mir bei meinen Klosteraufenthalten deutlich geworden ist, dass nicht Termine, Telefonate oder Besprechungen den Tag der Benediktiner strukturieren, sondern der Gottesdienst oder das Gebet, also die Pausen. Hier konnte ich erleben, wie energiespendend es ist, wenn ich nicht von Termin zu Termin hetze, sondern es klare Pausen, klare Zeiten der Stille gibt, denen laut Regel nichts vorzuziehen ist. Das heißt auch: Egal, womit ich mich gerade beschäftige, wenn die Glocken zum Gottesdienst rufen, mache ich mich auf den Weg in die Stille. Ich habe immer wieder die Erfahrung gemacht, dass ich in meiner Kraft geblieben bin, wenn ich meine Terminplanung für den Tag, die Woche, den Monat oder das Jahr an meinen Pausen und Zeiten der Stille ausrichte. In dem Moment, wo ich diese »Termingesetze« gebrochen habe, bin ich in einen Kreislauf der Fremdbestimmung geraten, der mein Energielevel immer weiter heruntergezogen hat.

Benedikt zeigt in seiner Regel aber nicht nur auf, worum es ihm geht – die gemeinsame Suche nach Gott und die fried- und freudvolle Gemeinschaft –, sondern auch, mit welchen Gewohnheiten wir eine Haltung und Reife entwickeln können, die der Erreichung dieses Zieles förderlich ist. So verlangt er zum Beispiel von den Brüdern, aus ihrer Mitte einen Cellerar – der wirtschaftliche Leiter des Klosters – zu wählen, der ihnen maßvoll, demütig, besonnen, stärkend, klar und bescheiden begegnet (RB 31,1). Und auch bei den aus der Gemeinschaft zu wählenden Dekanen, die wir im unternehmerischen Kontext als Abteilungs- oder Bereichsleiter bezeichnen würden, verlangt Benedikt nichts Geringeres als eine vorbildliche Lebensführung (RB 21,1). Beim Abt sind für seine Wahl und Einsetzung Bewährung im Leben und Weisheit in der Lehre gefragt (RB 64,2).

Die Antworten, wie man zu diesen Eigenschaften und Haltungen gelangen kann, konnte ich während meiner Beschäftigung mit der Regel im vierten Kapitel ausmachen. Hier beschreibt Benedikt, welche Gewohnheiten als Werkzeug für ein gelingendes Leben innerhalb einer Gemeinschaft dienen. Für ihn ist das Kloster eine Werkstatt, in der die Gestalt des wahren Selbst geformt und herausgebildet wird. Die Gewohnheit ist das Werkzeug, die Gemeinschaft die Werkstatt, und dabei spielt es keine Rolle, ob es sich um eine klösterliche oder unternehmerische Gemeinschaft handelt. Denn ein Kloster oder ein Unternehmen sind nicht irgendein Ding, sondern Orte, an denen sich Menschen begegnen, um sich gemeinsam für etwas einzusetzen. Auch unser Curriculum ist so ein Ort, an dem sich die Menschen aus unserem Unternehmen in einer Art temporärem Unternehmenskloster regelmäßig zusammenfinden, um ihren inneren Kompass zu entdecken, der sie im weiteren Verlauf ihres Lebens ihrer Persönlichkeit entsprechend durch ihren privaten und beruflichen Alltag führt.

Die richtigen Worte finden

Auf den ersten Blick erscheint ein Großteil dieses vierten Kapitels ein Auszug aus der Bibel zu sein. Und so finden sich hier auch die Zehn Gebote wieder. Was mich sprachlich daran irritiert: Sowohl im vierten als auch in anderen Kapiteln formuliert Benedikt nicht Gebote, sondern Verbote. Immer wieder begegnet uns hier das Wort »nicht«. In unserem Curriculum-Modul »Bewusstsein für Körper, Geist und Sprache« haben wir uns unter anderem mit der Sprache beschäftigt. Und dabei entdeckt, dass wir sehr häufig das formulieren, was wir nicht sollen, wollen, können oder dürfen. Offensichtlich waren auch bei uns Verneinungen sehr verbreitet. Es ging oft mehr um Negationen als um Positionen und das führte immer wieder dazu, dass wir mit mehr Problemen als Lösungen aus einer Besprechung herauskamen. Aus der Neurowissenschaft wissen wir mittlerweile, dass Verneinungen unser Denken und Handeln nicht erreichen. Deutlich wird dies an der allbekannten Geschichte vom rosa Elefanten: Wenn jemand hört, er dürfe an alles denken, nur nicht an einen rosa Elefanten, ist klar was geschieht: Er kann an nichts anderes als einen rosa Elefanten denken. Genauso ist es, wenn wir unseren Kindern sagen: »Lauf nicht auf die Straße« oder »Lass den Becher nicht fallen«. Auch hier ist die Folge: Der Becher zerbricht am Boden und das Kind läuft auf die Straße. Der Grund liegt darin, dass unser Gehirn nur auf Basis innerer Bilder funktioniert, es aber für das Wort »nicht« ebenso wie für die Wörter »nie« oder »niemals« kein Bild gibt. Wenn nun zum Beispiel in der Bibel steht: »Du sollst nicht töten«, dann entsteht in unserem Geist nur ein Bild vom Töten, ich sehe das Töten. Für uns war diese Erkenntnis Anlass genug, daraus eine Übung zu machen, die wir »Den Blick für die richtige Richtung finden« nennen.

In unserem Curriculum haben wir dazu zwei Gruppen gebildet. Die eine hatte die Aufgabe, Tätigkeitswörter zu finden, die eine schlechte Gewohnheiten oder Verneinung beschreiben, und diese auf roten Moderationskarten zu notieren. Die andere Gruppe hatte die Aufgabe, Tätigkeitswörter zu finden, die eine gute Gewohnheit beschreiben, und diese auf grünen Moderationskarten zu notieren.

Beide Gruppen hefteten dann ihre Karten an je eine Metaplanwand. Die »rote« Gruppe war sehr produktiv und fand viele negative Tätigkeiten, zum Beispiel lügen, töten, eifern, gieren, hetzen, murren, faulenzen, hassen, neiden, brechen, stehlen, verleugnen, angeben und viele weitere. Auch mit Blick auf die negativen Eigenschaften entstand ein profundes Ergebnis: stürmisch, maßlos, herrisch, eifersüchtig, nachtragend, gefräßig, faul, mürrisch, neidisch, unzuverlässig ... Die weitere Aufgabe bestand nun darin, die negativen Gewohnheiten und Eigenschaften in positive umzuwandeln. Die Frage war, was sind die positiven Umkehrungen, die Antonyme für die vielen negativen Gewohnheiten und Eigenschaften, was ist also das Gegenteil von diesem oder jenem Verb oder Adjektiv. Gemeinsam wurden die Gruppen aktiv, und auch wenn sie manchmal das Internet zu Rate ziehen mussten, fanden sie für nahezu alle Negationen positive Begriffe. Das waren Tätigkeiten wie lieben, schenken, annehmen, bekennen, anerkennen, mäßigen, trösten, helfen, ermutigen und so weiter. Wenn jeder Einzelne innerhalb einer Gemeinschaft diese Tätigkeiten als Gewohnheit in sein Leben integriert und kultiviert, dann bekommt dadurch nicht nur das eigene Leben, sondern auch das Leben innerhalb einer Gemeinschaft eine positive Richtung. Jeder kann mit Kleinigkeiten und einzelnen Wörtern beginnen. Anstatt bei der nächsten Kritik gleich zu blockieren, kann ich erst einmal annehmen, was gesagt wurde, eine Nacht darüber schlafen und mich fragen, ob da vielleicht etwas dran ist. Fragen statt zu behaupten ist hier die Aufforderung an die Beteiligten. Bevor ich gleich losquassele oder kontere, atme ich erst einmal tief durch. Anstatt jemanden zu ignorieren, kann ich ihn einladen mitzumachen, kann ich ihn aufmuntern, trösten oder ihm helfen. Dazu ein vielleicht nicht alltägliches, aber eindrückliches Beispiel: Am dritten Tag unserer Tour zum Polarkreis erwischte es Matthis gesundheitlich. Während wir unterwegs und noch weit entfernt vom Aufbau unseres nächsten Lagers waren, lief ihm der grüne Rotz aus der Nase, er bekam Schüttelfrost und drohte zusammenzubrechen. Als unser Guide Sebastian das bemerkte, zog er Matthis die kalten und nassen Schuhe aus und wärmte seine nackten Füße unter seiner Jacke und seinem Pullover auf dem nackten Bauch, bis es Matthis wieder besser ging – und das dauerte sehr lange. Für mich ist diese Situation ein Paradebeispiel dafür, was die praktische Bedeutung von RB 4,18: »Bedrängten zur Hilfe kommen« ist. Wie häufig helfen wir Menschen, wie häufig schauen wir weg?

Eine andere Idee: Anstatt zu vergleichen, kann ich für das danken, was ich habe. Anstatt einen Erfolg zu neiden, kann ich dem anderen diesen Erfolg gönnen und anerkennen, was er geleistet hat. Anstatt den Kopf in den Sand zu stecken oder etwas schönzureden, kann ich versuchen, die Situation, die Kritik, die Schwierigkeit auszuhalten. Etwas auszuhalten ist viel anstrengender als etwas zu erreichen. Wenn ich mich zu meinen Fehlern oder Schwächen bekenne – auch das ist aushalten –, fühlen sich mir die Menschen eher verbunden, als wenn ich versuche, sie zu vertuschen. Das durften wir eindrucksvoll erfahren, als wir 2010 die Ergebnisse unserer Mitarbeiterbefragung in den Hotels präsentierten. Bei den Führungskräften, die die Verantwortung für die schlechte Stimmung von sich wiesen und die Ursachen für die Schwierigkeiten bei anderen oder in anderen Dingen sahen, gab es in den Betriebsversammlungen tumultartige Zustände. Bei denen, die sich zu ihren Fehlern bekannten, blieb es ruhig. Bekennen verbindet genauso wie anerkennen und annehmen. »Ich erkenne das an. Ich erkenne den Mut an, den du bewiesen hast, die Kraft, die du bewiesen hast, die Geduld, die du gezeigt hast« – wenn ich das einem Menschen sage, dann wird er sich mir verbunden fühlen.

Vergeben – eine unglaubliche Kraft

Auch dazu gibt es in der Regel einen Hinweis: »Wenn die Brüder beten und versprechen: ›Vergib uns, wie auch wir vergeben‹, sind sie durch dieses Wort gebunden und reinigen sich von solchen Fehlern« (RB 13,13). Ich kann einem Menschen vergeben, anstatt ihm etwas über Jahre nachzutragen. Für mich steckt im Vergeben eine der stärksten und befreiendsten Kräfte, die ich je erlebt habe. Als ich im Jahr 2016 mit einer Gruppe Upstalsboomer nach Ruanda gefahren bin, um eine Schule zu eröffnen, deren Entstehung durch unser Dazutun möglich wurde, wurden wir auf sehr emotionale Weise mit dem Thema konfrontiert.

Wir besuchten das *Genocide Memorial* südlich der Stadt Murambi. Die Gedenkstätte erinnert an ein Massaker, das am 06. April 1994 begann und sich zum größten rassistisch motivierten Genozid seit dem Zweiten Weltkrieg ausweiten sollte. In den folgenden drei Monaten ermordeten Soldaten und Milizen des ruandischen Mehrheitsvolks der Hutu schätzungsweise 800.000 bis eine Million Menschen, zumeist Angehörige der Tutsi-Minderheit, aber auch zahlreiche gemäßigte Hutu, die sich dem Morden verweigerten oder gar in den Weg stellten. In der Gedenkstätte selbst durften wir anhand vieler Bilder und Geschichten erfahren, dass allein an diesem einen Ort innerhalb weniger Stunden, sozusagen über Nacht, über 43.000 Menschen massakriert wurden. Wir sahen mumifizierte Kalkleichen, an denen heute noch erkennbar ist, dass Müttern die Kinder aus dem Leib geschnitten wurden, Säuglinge enthauptet, Menschen gevierteilt und auf andere, für uns unvorstellbare Art und Weise nicht nur getötet, sondern eben massakriert wurden. Es wurde gefoltert, geplündert und vergewaltigt und wir hörten Erzählungen, nach denen es sogar zu Pfählungen und erzwungenem Kannibalismus gekommen sei. Diejenigen, die die erste Nacht überlebten und sich in eine Kirche flüchteten, wurden am folgenden Tag samt der Kirche mit einem Bulldozer in eine Schlucht hinuntergeschoben. Das, was wir dort zu sehen bekamen, konnten viele nicht verkraften, es war so grausam, so unvorstellbar, dass einige Kreislaufprobleme bekamen oder sich übergeben mussten.

Mindestens genauso unvorstellbar war aber noch etwas anderes, nämlich die Art und Weise, wie die Ruandesen nach Beendigung des Genozids miteinander umgegangen sind. Anders als nach dem Zweiten Weltkrieg mussten sich Täter und Opfer dieses kleinen Landes in Zentralafrika wieder zusammenraufen, um es nach dem zerstörerischen Einschnitt in seiner Geschichte wieder aufbauen zu können. Männer und Frauen, deren Familien sich gegenseitig getötet hatten, mussten wieder zusammenfinden, mussten emotionale Gräben überwinden, deren Ausmaß sich kaum einer von uns vorstellen kann. Aber sie taten es. Den Genozid immer im Gedenken bewahrend, prägten sie einen Satz, der auch mich zutiefst berührt hat: »Wenn du mich um Vergebung bittest, dann vergebe ich dir.« Das machte mir deutlich, was selbst nach den schrecklichsten Taten in einem Land möglich wird, das nur 25 Jahre später eine Entwicklung aufweist, neben der die der anderen zentralafrikanischen Staaten verblasst. Auch wenn vergeben nicht bedeutet, etwas zu vergessen, wurde schon im Jahr 2001, nur sieben Jahre nach dem Genozid, als Akt, um die blutige Geschichte Ruandas hinter sich zu lassen, eine neue Nationalhymne verfasst. Den Text schrieb einer dem Stamm der damaligen Täter zugehörigen Ruandesen, während die Melodie von einem dem Stamm der Opfer angehörigen stammt. Was für ein Zeichen! Als ich den Satz »Wenn du mich um Vergebung bittest, dann vergebe ich dir« zwei Jahre später noch einmal aus dem Mund einer Mitarbeiterin hörte, die kurz zuvor auch in Ruanda gewesen war, entstand in mir eine Verbindung zu den Themen meiner eigenen Geschichte: Am 12. Mai 2016 erhielt ich von Milisav S., einem meiner Entführer, eine Nachricht über das Netzwerk LinkedIn. Milisav hatte mich den insgesamt acht Scheinhinrichtungen unterzogen, mich aufgefordert, mich selbst zu verstümmeln und mir erzählt, wie er mich nach meinem Tod von seinem Kollegen zerstückeln und abtransportieren lassen würde.

Schon bei meinem ersten Besuch im Kloster hatte ich versucht, aus der Verletzung meiner Entführung eine Perle zu machen, wie Pater Anselm es mir gegenüber bildhaft beschrieb. Im Nachhinein konnte ich erkennen und annehmen, dass dadurch, dass mir Menschen mein Leben nehmen wollten, ich mein wirkliches Leben gefunden habe. Im vierten Kapitel über die Werkzeuge der geistlichen Kunst findet sich hierzu der Satz: »Den unberechenbaren Tod immer vor Augen haben.« Das bedeutete für mich nun, den Tod als Freund des Lebens zu betrachten. Denn erst im Angesicht meines eigenen Todes konnte ich erkennen, worauf es wirklich im Leben ankommt. So hatte ich mit meiner Entführung im Guten abgeschlossen und war für das daraus entstandene Bewusstsein sogar dankbar.

Die Entführung hat mein Leben verändert, und zwar positiv, wenn auch erst Jahre später und durch die Begegnung mit anderen Menschen, ganz besonders mit meiner Frau. Worüber ich bis zum 12. Mai 2016, der zufälligerweise auch der Todestag meines Vaters ist, der neun Jahre zuvor mit seinem Flugzeug abgestürzt war, noch nicht bewusst nachgedacht hatte, war das Thema Vergebung. Irgendwie war mir klar, dass ich meinen damaligen Widersachern vergebe, aber es tatsächlich ausgesprochen oder ihnen geschrieben hatte ich bis dahin nicht. Und nun kam diese Nachricht, die nach einem übersichtlichen, aber emotionalen Text mit folgendem Satz endete: *»Ich entschuldige mich, dass ich nicht besser wusste. Und ich* *weiß genau, wie schlimm es aussah. So ich bitte Sie um Entschuldigung.«*

Ich las diese Nachricht in dem Bewusstsein, dass doch alles in Ordnung sei, und beantwortete sie daher erst einmal nicht. Fünf Monate später, als eine unserer Mitarbeiterinnen vor mir auf der Bühne stand, um ihren Kollegen von ihrer Tour des Lebens nach Ruanda zu berichten und diesen Satz der Vergebung wiederholte, machte es »klick«. »Wenn du mich um Vergebung bittest, dann vergebe ich dir« – dieser Satz brachte mich wieder zu der Nachricht meines Entführers. Ich machte mir Gedanken darüber, wie es in einem Menschen aussehen muss, der nach achtzehn Jahren um Vergebung bittet. Er litt offensichtlich unter unserer gemeinsamen Geschichte und ich versuchte mir vorzustellen, wie sich das anfühlt, wenn mich etwas immer wieder quält und ich es einfach nicht loswerde. Ich konnte Milisavs Leid fühlen und mit diesem Gefühl entstand in mir die Sehnsucht danach, ihn von diesem Schmerz zu befreien.

Am 22. Oktober 2016 war ich offensichtlich soweit. Es war 21:45 Uhr und ich lag neben meiner schlafenden Frau im Bett. Immer wieder ging mir dieser Satz durch den Kopf und ich spürte, wie mein Verlangen nach Vergebung immer größer wurde. Ich nahm mein Handy und las nochmals die Nachricht von Milisav. Dann schrieb ich ihm: »Lieber Milisav! Herzlichen Dank für deine Nachricht. Ich möchte dich wissen lassen, dass ich dir verzeihe! Für dich, deine Frau und deine Kinder wünsche ich für eure Zukunft von Herzen alles Gute, vor allem Gesundheit, Freude und Erfolg. Herzliche Grüße, Bodo.« Schon während ich den kurzen Text formulierte, spürte ich eine unbändige Kraft in meinem Körper, deren Quelle ganz sicher diese Zeilen der Vergebung zu sein schienen. Und in dem Moment, in dem ich die Nachricht abschickte, durchströmte diese Energie meinen ganzen Körper, sodass ich ihn nicht mehr unter Kontrolle hatte. Es brach einfach aus mir heraus, ich zitterte, weinte, schluchzte, bebte, und das Gefühl war so unbeschreiblich ergreifend, schön, zutiefst erfüllend, nicht in Worte zu fassen. Es war wohl eines der stärksten Gefühle, die ich in meinem Leben erlebt habe. Es dauerte gut zehn Minuten und war so intensiv, dass meine Frau aufwachte und mich ohne ein Wort zu sagen in den Arm nahm. Danach stellte sich ein Gefühl der Erfüllung, Freiheit und Ruhe ein. Und noch etwas hatte sich geändert: Ich empfand eine guttuende Art der Verbundenheit mit meinem damaligen Widersacher. Negative Gewohnheiten trennen die Menschen voneinander, positive Gewohnheiten verbinden Menschen miteinander. Daher ist immer wieder die Frage: Welche deiner Gewohnheiten führen zu gelingenden Beziehungen?

Gute Eigenschaften finden – und fördern

Für mich ist das vierte Kapitel der Regel eine wichtige Inspiration auf dem Weg zu einer guten Beziehung zu mir selbst und zu anderen. Was mir beim Verstehen dieses Kapitels geholfen hat, war, dass wir es ein bisschen ins Positive und Moderne übersetzt haben.

Anhand meiner Gewohnheiten und Eigenschaften verwirkliche ich mich selbst. Die Frage ist, als wer oder was verwirkliche ich mich? Wozu war ich auf der Welt, wenn ich nichts mit ins Grab nehmen kann? Was haben meine Mitmenschen und Nachfahren davon gehabt, dass es mich gibt? Welche verbindenden Eigenschaften stehen den die Menschen auseinanderbringenden Eigenschaften gegenüber? War ich Fluch oder Segen für meine Mitmenschen?

Um das herauszufinden, aber auch, um uns gegenseitig auf unsere guten Eigenschaften aufmerksam zu machen, gibt es eine schöne

Übung, die wir den »Upstalsboomer Liebesbrief« nennen. Wir bitten die Teilnehmer, die Namen aller anderen Kollegen oder anderen Teilnehmer auf ein Blatt Papier zu schreiben und ein wenig Platz neben den Namen zu lassen. Dann bekommen sie die Aufgabe, sich zu überlegen, was das Netteste ist, das sie über jeden ihrer Kollegen sagen können, verbunden mit der Bitte, das neben die jeweiligen Namen zu schreiben.

Anschließend werden die Blätter eingesammelt und in den darauffolgenden Tagen oder Wochen schriftlich zusammengefasst: Jeder Name bekommt nun ein eigenes Blatt, auf dem all die netten Bemerkungen der Kollegen in einer Liste zusammengefasst werden. Nachdem dann ein bisschen Zeit ins Land gegangen ist, erhält jeder einen Umschlag mit »seiner« Liste. Was nach dem Öffnen des Umschlags und Lesen der Zeilen geschieht, ist kaum in Worte zu fassen: ungläubiges Lächeln, Tränen und eine angenehme, freudige Stille durchzieht den Raum.

»Upstalsboomer Liebesbrief«

Lieber Upstalsboomer,

jeder Mensch ist einzigartig. An dieser Stelle mag ich dich darum bitten, in den folgenden Tabellen **Deinen und die Namen Deiner Kollegen** aufzuschreiben, pro Tabelle einen Namen. Dann bitte ich Dich, Dir Deinen Kollegen (aber auch Dich selbst) bildlich vorzustellen, und in dem Feld unter dem Namen all das aufzuschreiben, was Du an diesem Menschen besonders schätzt. Ganz wichtig ist dabei, dass Du Dich ausschließlich auf die positiven Eigenschaften konzentrierst, die Du diesem Menschen ganz aufrichtig zuschreibst. Was ist es, was diesen Menschen auszeichnet? Welches Talent erkennst Du an ihm/ihr? Was macht diesen Menschen einzigartig, was besonders?

Vielen Dank!

Name:

Name:

Name:

Nobody is perfect

»Ihre körperlichen und charakterlichen Schwächen sollen sie mit unerschöpflicher Geduld ertragen.« (RB 72,5)

Auch dieser Satz ist für ein wirtschaftliches Unternehmen von elementarer Bedeutung. Selbst wenn in vielen Firmen der klassische Corporate-Ansatz zur Anwendung kommt, in dem die Persönlichkeit des Einzelnen keine große Rolle spielt, sondern es eher um das effiziente Zusammenwirken von Positionen, Funktionen, genormten und standardisierten Objekten geht, wird es in Zukunft immer wichtiger werden, der Persönlichkeit des Einzelnen im Unternehmenskontext Raum zu geben und gerecht zu werden – zumindest dann, wenn ich auch in Zukunft noch Menschen als Mitarbeiter für mein Unternehmen gewinnen will.

Ein Beispiel: Wir haben vor Kurzem ein Hotel auf der nordfriesischen Insel Föhr eröffnet. Es ist immer eine große Herausforderung, für einen solch besonderen Standort Mitarbeiter zu finden. Es geht weniger darum, Fachkräfte zu haben, als vielmehr überhaupt Menschen für die Aufgaben in einem Hotel zu finden und für Gastfreundschaft zu begeistern. In unserem Föhrer Hotel hat von 120 Mitarbeitern nur jeder Zweite eine Ausbildung in der Hotellerie absolviert. Die andere Hälfte besteht aus Handwerkern, Bankangestellten, Bibliothekaren, Logistikern, Mechanikern, Arzthelfern, Beamten, Informatikern und vielen mehr. Da arbeiten plötzlich ganz unterschiedliche Persönlichkeiten ganz unterschiedlicher Altersstufen (von 16 bis 65) mit ganz unterschiedlichen Erfahrungen und Ausbildungen unter einem Dach zusammen. Jeder hat seine Geschichte, jeder seinen Charakter, seine Ecken und Kanten, seine Stärken und Schwächen. Auf einer Insel arbeiten sie in der Regel auch nicht nur zusammen, sondern wohnen auch in einem Haus. Hier muss sich eine bunt zusammengewürfelte Gemeinschaft erst einmal zusammenraufen. Ganz abgesehen von den Gästen, die die Vielfalt unter dem Dach noch einmal erhöhen. Damit müssen alle lernen umzugehen, das gilt für den Direktor des Hauses, aber ganz besonders auch für jeden Einzelnen innerhalb der Gemeinschaft. Für den Direktor ist maßgeblich, was Benedikt über die Aufgaben des Abtes in Kapitel 2,31 und 32 formuliert: »Er muss wissen, welch schwierige und mühevolle Aufgabe er auf sich nimmt: Menschen zu führen und der Eigenart vieler zu dienen. Muss er doch dem einen mit gewinnenden, dem anderen mit tadelnden, dem dritten mit überzeugenden Worten begegnen. Nach der Eigenart und Fassungskraft jedes Einzelnen soll er sich auf alle einstellen und auf sie eingehen. So wird er an der ihm anvertrauten Herde keinen Schaden erleiden, vielmehr kann er sich am Wachsen einer guten Herde freuen.« Um dem einen guten Rahmen zu geben, können sich die Mitarbeiter ebenfalls an den Vorgehensweisen der Mönche orientieren: In regelmäßigen Abständen kommt der Abt mit der Gemeinschaft zusammen, unter anderem, um gegenseitig um Vergebung zu bitten. In unserem Unternehmen entstanden in diesem Zusammenhang die Begriffe »Culpa-Session«, mancherorts sogar »Fuck up Night« genannt. Dabei geht es darum, dass jeder der Teilnehmer darüber berichtet, was bei ihm in den letzten Tagen schiefgelaufen ist. Sie bitten dann um Entschuldigung und erfragen die Meinungen der anderen, wie sie ihr Verhalten entwickeln können, um besser zu werden. Diese Vorgehensweise stärkt eine Gemeinschaft sehr. Ganz besonders dann, wenn die vermeintlich Höheren und Stärkeren gegenüber den vermeintlich Schwächeren und Niederen über ihre Schwächen und Fehler sprechen. Für mich ganz persönlich sind die Führungskräfte am stärksten, die dazu bereit und in der Lage sind, genau das zu tun. Diese Vorgehensweise hat aber noch einen weiteren Vorteil: Sie nimmt dem Einzelnen in der Gemeinschaft und damit der Gemeinschaft an sich das Gefühl, perfekt sein zu müssen. Es geht hier um Demut. Das meint einerseits den Mut, in die Tiefen seines Selbst hinabzusteigen und seinem Schatten ins Gesicht zu schauen, andererseits aber auch die damit einhergehenden Gedanken und Gefühle zu offenbaren.

Ein ganz praktisches Beispiel möchte ich anhand der wörtlichen Übernahme meiner Reaktion auf einen Kommentar in unserem Mitarbeiter-Feedback-Terminal »Say Way« hier aufzeigen. Hier stand zu lesen: »Bodos Antworten auf die Say-Way-Aussagen finde ich teilweise schon ziemlich unverschämt, wenn jemand um Hilfe ruft, das so zu verdrehen, der wird nie wieder was in Say Way schreiben.«

Meine Antwort lautete wie folgt: »Nobody is perfect! Weder ich noch du sind perfekt! Und das ist gut so. Aber das Wissen, dass es so ist, verpflichtet uns alle zu zwei Verhaltensweisen, zumindest dann, wenn wir an einem guten Miteinander interessiert sind. Die Erste ist, zu versuchen immer sein Bestes zu geben. Wie gesagt, wir sind nicht perfekt und gerade deshalb sind wir dazu aufgefordert, immer unser Beste zu geben. Wenn ich mich zu den Say-Way-Kommentaren äußere, dann mache ich das allein mit der Absicht, dass wir uns als Mensch und Gemeinschaft weiterentwickeln; und dabei gebe ich immer mein Bestes. Aber Entwicklung findet nun mal am ehesten außerhalb der Komfortzone statt und so kann es passieren, dass der von mir vorgehaltene Spiegel dem Verfasser eines Kommentars ein Bild zeigt, das für ihn oder sie gerade vielleicht nicht so schön anzusehen ist, ja, vielleicht sogar ein bisschen wehtut. Auch ich erfahre diesen Schmerz. ›Bodo ist unverschämt‹, ›Bodo ist unfair‹, ›Bodo ist schnell auf 180‹, ›Bodo ist unpünktlich‹, ›Bodo ist nicht wertschätzend‹ sind einige Kommentare der letzten Monate, die auch mir im ersten Moment ganz sicher wehtun. Aber zugleich bin ich auch dankbar für diese Kommentare, auch wenn es sehr schwer ist, sie auszuhalten. Denn sie geben mir die Chance, mich als Mensch und mein Verhalten weiterzuentwickeln. Die Voraussetzung dafür aber ist, die Kommentare für sich anzunehmen, also sich zuzugestehen, dass an den in diesem Fall ungünstigen Verhaltensweisen etwas dran zu sein scheint; auch wenn ich das selbst nicht so empfinde. Und wenn du das Gefühl hast, dass das, was ich kommentiere, unverschämt sei, dann scheint da etwas dran zu sein und ich werde deine Rückmeldung nutzen, um weiter an meiner Ausdrucksweise zu feilen. Aber bitte berücksichtige, meine Absicht ist immer ein gute!

Zum Thema ›Hilfe‹ habe ich folgenden Gedanken: Ich kann jemandem nur dann helfen, wenn er sich an mich wendet. Anonyme oder pauschalisierende Hilfeschreie auf einer Plattform wie Say Way sind für den Hilfesuchenden wirkungslos; sie lösen ganz sicher keine Probleme. Wie kann ich einer unbestimmten Person helfen? Wie kann ich ein unbestimmtes Problem lösen? Niemand kann das. Also bleibt nur eins: Der Hilfesuchende wird dann Hilfe finden, wenn er sich überwindet, selbst (und nicht über andere) über seine Probleme offen zu sprechen oder ungünstige Situationen so konkret wie möglich zu beschreiben. Gerade in der letzten Woche machte ich einen Spaziergang, bei dem das wieder deutlich wurde. Bei meiner Gesprächspartnerin hatte sich über Wochen ein äußerst unangenehmes Kopfkino entwickelt, aber sie hat sich auch überwunden, mich darauf anzusprechen. Es brauchte nur einen Spaziergang, und schon hatte sich ein vermeintlich riesiges Problem in Luft aufgelöst und eine klare Perspektive war vorhanden. Diese Upstalsboomerin hatte in dem Moment Verantwortung für ihr Wohlbefinden übernommen, in dem sie mich um einen persönlichen Austausch gebeten und mir ihre Unsicherheit offenbart hat. Ich kann hier jeden nur dazu ermutigen, mich persönlich anzusprechen; ganz besonders dann, wenn etwas unklar ist. Wie gesagt, meine Absicht besteht allein darin, MENSCHEN ZU STÄRKEN.«

Erkenne dich selbst!

»Den Nächsten Lieben wie sich selbst« (RB4,2)

Wenn ich mich für jemanden, den ich liebe, oder etwas, das für mich von großer Bedeutung ist, einsetze, dann erscheint mir das als sinnvoll. Und das manifestiert sich für mich auch im oben zitierten Satz aus der Regel. Den Nächsten zu lieben wie mich selbst, ist für mich nicht nur eine gute Gewohnheit, sondern die Aussage schlechthin, wenn es um den Sinn meines Lebens geht. Meiner Wahrnehmung nach geht es nicht nur um bedingungslose Liebe, sondern auch darum, was mir als Mensch wirklich wichtig ist, was meinem Wesen entspricht. Wenn ich das, was mir als Mensch wirklich wichtig ist, meiner Mit- und Umwelt deutlich werden lassen kann, dann handle ich sinnorientiert. Eine Herausforderung des Lebens besteht nun darin, herauszufinden, was denn das genau ist, was mir als Mensch von so großer Bedeutung ist, denn diese (Selbst-)Erkenntnis ist eine wichtige Voraussetzung dafür, dass ich sinnerfüllt handle. Der Sinn ist der Schiedsrichter bei meinen täglichen Entscheidungen. Erst wenn ich herausgefunden habe, wer ich wirklich bin, habe ich die persönlichen Voraussetzungen dafür geschaffen, ein sinnerfülltes und damit gelingendes Leben zu leben. Die Voraussetzung, das Leben wirklich lieben zu können, ist die Klarheit darüber, wer ich bin. Eine wichtige Frage ist hier: »Welche Erwartung hat der Sinn meines Lebens an mein tägliches Tun?«

Die Kapitel vier bis sieben der Benediktsregel beschreiben meinem Verständnis nach, mit welcher Haltung und welchem Verhalten ich mich erfolgreich auf den Weg der Selbsterkenntnis machen kann. Im übertragenen Sinne sind diese vier Kapitel die Wegbeschreibung zum Apollotempel in Delphi, über dessen Eingang der Sage nach zu lesen war: »Erkenne dich selbst!« Sie zeigen mir Gewohnheiten und Sichtweisen, die mir dabei helfen, mir meiner Selbst bewusst zu werden. In dieser Schule der Selbsterkenntnis geht es also darum, sich der ganz persönlichen Werte, Talente und Eigenschaften bewusst zu werden, Antworten auf die Frage zu finden: »Wer bin ich wirklich?« und mit diesen Antworten meinem göttlichen Kern, meiner ganz eigenen Wahrheit ein bisschen näher zu kommen. Es gibt keine stärkere Macht, als die eigene Wahrheit zu erkennen und mit ihr in Verbindung zu stehen.

Genau diese Fragestellung bildet auch den Kern unserer Arbeit in unserem Upstalsboom Curriculum. Die Struktur, der wir uns dabei bedienen, ist ein Dreiklang: »Verstehe deine Vergangenheit, ordne deine Gegenwart und gestalte deine Zukunft.« Eine zentrale Rolle, diesem Ziel näher zu kommen, spielt dabei die im siebten Kapitel der Benediktsregel beschriebene Demut. Wie bereits gesagt, ist für mich Demut der Mut, in die eigenen Tiefen hinabzusteigen. Dafür bedarf es eines geschützten Raumes.

Es geht darum, Menschen dabei zu unterstützen, sich selbst, sich ihrer Würde bewusst zu werden und ihnen dann die Möglichkeit zu geben, sich ihrer entwickelten Persönlichkeit entsprechend in die Arbeit einzubringen. Da entsteht Begeisterung und das bedeutet für mich auch Spiritualität: Die Freiheit zu haben, das zu leben, was mir als Mensch von großer Bedeutung ist, was für mich wesentlich ist, was meinem Wesen und meiner Würde entspricht. Dabei spielt es keine Rolle, welche Facette der Sehnsucht des Einzelnen dabei zur Geltung kommt. Ist es seine Sehnsucht, die Welt ein bisschen friedvoller zu machen, ein bisschen gerechter, sauberer, gesünder, freier, liebevoller? Jede Sehnsucht, die eine Antwort auf die Fragen enthält »Was haben andere davon, dass es mich gibt?«, oder »Was kann ich dazu beitragen, die Welt wieder ein kleines Stück besser zu machen?«, wird den Menschen zu einer größeren inneren Zufriedenheit führen.

Wie in der Regel Benedikts geht es auch bei uns in der menschen- und sinnorientierten Unternehmensführung weniger darum, sich zu überlegen, wie ich mit meinem Unternehmen Geld verdienen kann, sondern wie ich mit meinem Unternehmen den Menschen und der Umwelt einen ehrlichen Nutzen stiften kann. Wozu gibt es mein Unternehmen? Hinterlässt es Spuren oder Staub?

Der Auftrag eines Unternehmers ähnelt dabei sehr dem eines Abtes, er besteht für mich darin, Leben in den Menschen und der Gemeinschaft zu wecken. Das wird möglich, wenn wir Arbeit als Weg zur Begegnung mit uns selbst verstehen, so wie in der Regel Benedikts. Das Ziel der Arbeit ist dann innere Freiheit – Freiheit von Angst, von Leiden, von einem Zustand, in dem immer alles zu wenig und nichts gut genug zu sein scheint. Für diejenigen, die ihre innere Zufriedenheit oder Freiheit gefunden haben, werden auch die vermeintlich Mächtigen vollkommen machtlos. »Liebe die Arbeit und hasse die Herrschaft« lehrt Benedikt, und dann bekommt Arbeit plötzlich auch eine ganz neue Bedeutung, dann wird aus ihr Sehnsucht und Freude und vielleicht auch ein bisschen Abenteuer. Das gilt auch für die Friesen mit ihrer friesischen Freiheit, die im 13. Jahrhundert am Upstalsboom beschlossen wurde. Da heißt es: »Lieber tot als Sklave.«

Für ein sinn- und menschenorientiertes Unternehmen bedeutet das, seine Prozesse auf das Gelingen von Leben und Gemeinschaft auszurichten. Das ist etwas anderes, als seine Prozesse und Standards auf die Steigerung einer wirtschaftlichen Effizienz oder aber auf die Absicherung verängstigter und nicht zur Übernahme von Verantwortung bereiter Menschen auszurichten.

Dem inneren Kind begegnen

Genau das möchten wir unseren Mitarbeitern durch unser Curriculum ermöglichen: Einen geschützten Raum, um gemeinsam und außerhalb des Unternehmenskontextes eine Art persönliches Leitbild oder auch inneren Kompass zu erarbeiten. Denn diesen brauchen wir ganz besonders dann, wenn es im Leben hart auf hart kommt. Dabei beschäftigen wir uns intensiv mit der eigenen Kindheit, dem Sonnen- oder auch Schattenkind, das an anderer Stelle auch göttliches oder verletztes Kind genannt wird. Wir versuchen zu verstehen, warum wir fühlen, denken und handeln, wie wir fühlen, denken und handeln. Allein die Erkenntnis, weshalb wir auf das eine oder andere so oder so reagieren, hilft uns häufig schon dabei, in Zukunft mit dem eigenen Fühlen, Denken und Handeln bewusster umzugehen. Dazu passt ein weiterer Satz aus der Regel (RB 4,48), der ein Werkzeug der geistlichen Kunst beschreibt: »Das eigene Tun und Lassen jederzeit überwachen.« Je bewusster wir unseren Emotionen begegnen, desto leichter fällt es uns, sie nicht im Effekt unreflektiert auszuleben und damit »emotionale Umweltverschmutzung« zu betreiben. Wir können nichts für unsere Emotionen, aber wie wir mit ihnen umgehen, liegt allein in unserer Verantwortung. Dazu müssen wir jedoch verstehen, woher sie kommen, in welchen Kindheitserlebnissen und -verletzungen sie ihren Ursprung haben.

Wieso bin ich, wie ich bin? Um Menschen dabei zu unterstützen, sich ihres Fühlens, Denkens und Handelns bewusster zu werden, arbeiten wir gerne mit provokanten Thesen, über die wir dann miteinander ins Gespräch kommen. »Die Anzahl der Überstunden einer Führungskraft ist nur Ausdruck ihrer Unfähigkeit, sich selbst und andere zu führen« ist eine dieser Thesen, mit denen wir unsere Curricula-Gesprächsrunden eröffnen, in denen es darum geht, sich seiner Selbst ein bisschen bewusster zu werden. Es geht also um die Frage: Was kann ein Grund dafür sein, weshalb wir manchmal bis zur totalen Erschöpfung durch unser Leben rennen, einfach nicht zur Ruhe kommen können? In meinen Gesprächen mit den Mitarbeitern wurde deutlich, dass wir leben, was wir erlebt haben, und daher ein Grund in einer gefühlten Entwertung der eigenen Person im Lauf der Kindheit, Schulzeit oder Ausbildung liegen kann.

Eine Mitarbeiterin erzählte mir, sich noch gut daran zu erinnern, dass ihre Eltern sich in ihrer Anwesenheit darüber austauschten, wie schwer doch Familie und Beruf unter einen Hut zu bekommen und wie anstrengend und nervig manchmal die Kinder seien. Eine junge Auszubildende berichtete, dass ihre Eltern sich in ihrer Anwesenheit lieber mit dem Handy beschäftigten als mit ihr. Eine weitere Mitarbeiterin erinnerte sich daran, dass sie von ihrem Lehrer ständig Sätze zu hören bekam wie: »Ohne Fleiß kein Preis«, »Ein Indianer kennt keinen Schmerz« oder »Schau dich an, aus dir wird sowieso nichts«. Wie häufig erlebt ein junger Mensch solche Verhaltensweisen und hört diese Gehorsam, Fleiß und Disziplin vermittelnden Glaubenssätze? Unsere Mitarbeiter hatten dadurch als Kind eher das Gefühl, für ihre Eltern eine Last zu sein, nicht gesehen zu werden oder aus Sicht der Lehrer einfach nichts zu taugen, nichts wert zu sein. Das Ergebnis war eine Verletzung, durch die sie sich entwertet, faul, unvermögend und nicht gesehen fühlten.

Ich persönlich erinnerte mich nicht an solche Entwertungen. Aber auch ich neigte und neige auch manchmal dazu, durchs Leben und durchs Geschäft zu rennen und dabei das rechte Maß aus den Augen zu verlieren. Im Rahmen vieler Reflexionen konnte ich erkennen, dass der Grund für mein immer wiederkehrendes Muster in der Beziehung zu meinem Vater lag. Offensichtlich wollte ich damit meinem bereits verstorbenen, aber zu Lebzeiten sehr starken, erfolgreichen und für mich übergroßen Vater zeigen, dass ich das auch kann. Ohne mir dessen bewusst zu sein, war ich, gemessen an meinem täglichen Einsatz, geradezu besessen. Und aus solchen Gründen oder Gefühlen heraus, so unterschiedlich sie auch sein mögen, ist es vollkommen natürlich, dass Menschen alles in ihrer Macht Stehende tun, um endlich gesehen, angesehen und angenommen zu werden. Manchmal eben auch durch Überstunden, nur um zu zeigen, wie wichtig und fleißig man ist. Je geringer das Selbstwertgefühl, desto größer oder stärker das Ego. Je stärker das Ego, desto dicker wird aufgetragen, womit auch immer. Wenn es anstrengend wird, ist meistens das Ego im Spiel!

Wenn ich diesem im vierten bis siebten Kapitel beschriebenen Weg der Selbsterkenntnis ein Bild zuordnen würde, dann wäre es jenes, das Leonardo da Vinci in dem Satz »Binde deinen Karren an einen Stern« entwirft. Während der Karren für meine gegenwärtigen Werte, Fähigkeiten, Talente und Eigenschaften steht, ist der Stern das Sinnbild für das, wofür es sich lohnt, jeden Tag aufzustehen, das, was meinem täglichen Tun einen Sinn verleiht, mir den Weg leuchtet.

Was es aber nun ganz praktisch bedeutet, wenn ich über die Selbsttranszendenz den Weg zu den mich mit Sinn erfüllenden Aufgaben finde, möchte ich an drei unterschiedlichen Geschichten aus unserem Unternehmen aufzeigen:

Marie zieht Kopfsalate

Marie, die 2015 als Auszubildende mit auf dem Kilimanjaro war, hat eine starke Bindung zu einem Bild, an das sie sich aus ihrer Kindheit erinnert. Als kleines Mädchen liebte sie es, in ihrem eigenen Gemüsebeet Kopfsalate zu ziehen. Etwas wachsen, gedeihen und sich entwickeln zu sehen, zog sie schon als Kind in den Bann. Täglich ging sie zu ihrem Beet, pflegte und hegte die Pflänzchen, bis aus einem zarten Keimling ein prachtvoller Kopfsalat wurde, an dem alle Freude hatten. Heute setzt Marie sich bei uns im Unternehmen dafür ein, dass sich unsere Auszubildenden neben der fachlichen Schulung auch im menschlichen und ganz persönlichen Sinn entwickeln. Dafür hat Marie eigens ein Curriculum für die Jüngsten in unserem Unternehmen ins Leben gerufen. Und mit der Aufgabe, junge Menschen dabei zu unterstützen, als Persönlichkeit zu reifen, ist sie wieder mit ihrem inneren Kind in Berührung. Das heißt nichts anderes, als dass in ihrem Tun Kopf und Herz übereinstimmen, sie so gut wie keine Energie für das aufwenden muss, was sie täglich tut. Der emeritierte Professor für Psychologie und Autor Mihály Csíkszentmihályi würde das, was Marie bei der Erfüllung ihrer Aufgaben empfindet, wohl als »Flow« bezeichnen.

»Lassen sie mich durch, ich bin Arzt!«

Schon als Kind hatte meine Frau Claudia von sich das Bild, Ärztin zu werden. Die Gesundheit des Menschen faszinierte sie und es war für sie von großer Bedeutung, sich für die Gesundheit anderer einzusetzen. Das Bild, anderen Menschen helfen, vielleicht sogar ihr Leben retten zu können, erfüllte sie mit großer Begeisterung. »Lassen sie mich durch, ich bin Arzt!« verbildlichte eine klare Situation, in der sie dieser Sehnsucht ganz praktisch nachgehen konnte. Mit diesem Wunsch und diesen Bildern in sich studierte sie Medizin. Ihre Leidenschaft für das, was sie im Studium tat, und die Aussicht darauf, in Zukunft etwas zu tun, was ihrer Sehnsucht, ihrer Persönlichkeit, ihrer Würde und ihren Fähigkeiten entspricht, führten im Ergebnis zu einem Abschluss mit der Note 1,4. Nach ihrer Approbation kehrte sie nach Emden zurück und arbeitete im örtlichen Krankenhaus. Die Bilder, die sie zu der Zeit noch in sich trug, waren die ihres inneren Kindes und beschrieben die Sehnsucht, für andere Menschen da zu sein.

Was dann geschah, wird in der Psychologie als »kognitive Dissonanz« beschrieben. Das meint: Ein Mensch wird in dem Moment unzufrieden, wenn seine Vorstellungen von etwas oder seine inneren Bilder nicht mehr mit der Realität übereinstimmen. In kaum einem zweiten Beruf kommt das so häufig vor wie bei Ärzten. Das Gesundheitssystem, das extrem aufwändige Bürokratie mit sich bringt, die ausgeprägten wirtschaftlichen Interessen der Krankenkassen und der Pharmaindustrie forderten Aufgaben und Verhaltensweisen, die nichts mehr mit dem zu tun hatten, warum Claudia diesen Beruf ergriffen hatte. Im Gegenteil, immer öfter beschlich sie das Gefühl, dass der Mensch in unserem Gesundheitssystem der Wirtschaft als Mittel zum Zweck dient und es quasi verlangt wurde, die medizinische Verantwortung zugunsten von ein paar Euros und der Einhaltung von Standards und Richtlinien oder Streitigkeiten über Zuständigkeiten abzugeben. Ärzte und Krankenhäuser verdienen ihr Geld eben vor allem damit, Menschen zu behandeln, wenn sie krank sind, und nicht damit, Menschen gesund zu halten. Claudia fühlte sich immer unwohler – und ich glaube, dass es enorm vielen Menschen ähnlich geht. Sie treten für etwas an, das sie lieben, und kaum nehmen sie ihre Tätigkeit auf, folgt die Ernüchterung. Die Folgen sind nicht selten, dass Menschen psychisch und physisch krank und in der Folge sozial unverträglich werden. Wenn wir uns ausschließlich dem Diktat der Zahlen unterwerfen und nur die Wirtschaftlichkeit als heilige Kuh ansehen, dürfen wir uns nicht wundern, dass die Menschen immer unzufriedener werden, denn Wohlstand und Wohlbefinden werden genauso häufig miteinander verwechselt wie Lebensstandard und Lebensqualität. Meine These ist, dass Lebensqualität und Wohlbefinden in dem Maß steigen, wie sehr wir uns erlauben, uns sinnerfüllenden Aufgaben hinzugeben, uns also für etwas einsetzen, was für uns von wirklich großer Bedeutung ist und anderen Menschen nützt. Für Claudia war die logische Konsequenz, dass sie sich selbst treu bleiben wollte und daher ihren Job in der Klinik kündigte.

Im Kapitel über den Cellerar und die kranken Brüder heißt es unter anderem: »Um Kranke, Kinder, Gäste und Arme soll er sich mit großer Sorgfalt kümmern; er sei fest davon überzeugt: Für sie alle muss er am Tag des Gerichtes Rechenschaft ablegen.« Und: »Die Sorge für die Kranken muss vor und über allem stehen: man soll ihnen so dienen, als wären sie wirklich Christus; hat er doch gesagt: ›Ich war krank, und ihr habt mich besucht‹ und: ›Was ihr einem dieser Geringsten getan habt, das habt ihr mir getan‹.« »Der Abt sehe es als eine Hauptsorge an, dass die Kranken weder vom Cellerar noch von den Pflegern vernachlässigt werden. Auf ihn fällt zurück, was immer die Jünger verschulden.«

Wenn ein Unternehmen wie Upstalsboom sich darauf ausgerichtet hat, dem Menschen im Sinn seiner ganzheitlichen Gesundheit zu dienen, bedarf es unternehmerischer Dienstleistungen und Einrichtungen, die die Voraussetzungen dafür schaffen, dass sie sich ihrer Gesundheit bewusster werden und sie überdies dazu zu ermutigen, Eigenverantwortung für die ganzheitliche Entwicklung ihrer

Gesundheit zu übernehmen. Das ist genau der Weg, den Claudia für die sinnvolle Weiterentwicklung unseres Unternehmens gefunden hat. Wege entstehen, indem man sie geht – und so entstand das, was wir in unserem Unternehmen das Präventorium nennen. Claudia möchte die Menschen aus ihrer Hörigkeit gegenüber der Schulmedizin und des aktuellen Gesundheitssystems befreien und ihnen im Krankheitsfall optimale Rahmenbedingungen und Unterstützung auf ihrem Weg zum Gesundwerden bieten.

Der Name Präventorium ist dem Ansatz geschuldet, dass wir uns anders als im aktuellen Gesundheitssystem nicht kurativ und pathogenetisch, sondern präventiv und salutogenetisch ausrichten. Wir wollen also schon vermeiden, dass Menschen psychisch und physisch krank werden, denn es ist für alle Beteiligten günstiger, in die Prävention zu investieren als in die Behandlung. Im Präventorium geht es also darum, individuelle Antworten auf Fragen des gesunden Lebens zu finden und Menschen dabei zu unterstützen, für diese Antworten Verantwortung zu übernehmen. Über das Präventorium erhalten die Mitarbeiter die Möglichkeit, auf Basis eines ganzheitlichen Gesundheitschecks Klarheit über ihr psychisches, physisches und bestenfalls auch soziales Wohlbefinden zu gewinnen.

In der Summe geht es darum, dass auf Basis der Analysen im psychischen und physischen Bereich eine Art Healthy Score Card entsteht, deren Parameter als Maßstab für die ganzheitliche Entwicklung des Menschen herangezogen werden und auf deren Basis sich der Mitarbeiter auf einen eigenverantwortlichen Weg zu ganzheitlicher Gesundheit macht. Der uns von Benedikt aufgezeigte Weg zur geistigen und seelischen Selbsterkenntnis wird damit um die Perspektive und den Weg zu einer »körperlichen Selbsterkenntnis« ergänzt. Mit der Förderung der psychischen und physischen Stärke schaffen wir dann auch gute Voraussetzungen für das soziale Wohlbefinden. Menschen, die körperlich und geistig vital sind, die voller Energie durchs Leben gehen, mit sich selbst in Verbindung stehen, haben auch gute Voraussetzungen, mit anderen in Kontakt und gute Beziehungen treten zu können. Und das beschreibt letztendlich auch den »Masterplan« innerhalb unseres Unternehmens.

Mit dem Präventorium hilft Claudia den Menschen, Antworten zu finden auf die Frage: Was brauche ich, um ein gesundes Leben zu führen? Und sie unterstützt sie dabei, auch selbst Verantwortung dafür zu übernehmen.

Özden findet einen neuen Stern

Özden ist ein türkischstämmiger Unternehmer aus Bayern, der uns ein knappes Jahr als sogenannter Upstalsboomer auf Zeit im Curriculum begleitet hat. Das erste Mal begegnete ich ihm bei einer unserer Veranstaltungen, dem sogenannten Upstalsboom Unplugged. In diesem Format, das von den MitarbeiterInnen unseres Unternehmens gestaltet und umgesetzt wird, lassen erfahrene Upstalsboomer aus ganz unterschiedlichen Bereichen – vom Zimmermädchen bis hin zum Koch oder Direktor – interessierte Menschen an dem teilhaben, was sie als Mitarbeiter bei uns erleben und mit welchen Werkzeugen sie versuchen, einzelne Mitarbeiter, die Gemeinschaft und damit unsere Kultur zu stärken. Am Vorabend dieser Veranstaltung bieten wir den Teilnehmern die Möglichkeit, sich unseren Kinofilm »Die Stille Revolution« anzuschauen, um einen guten Einstieg in die Entwicklung unseres Unternehmens und damit ins Thema zu finden. Im Anschluss an den Film gibt es einen Dialog, an dem ich mich auch gerne beteilige und den Teilnehmern für Fragen zu Verfügung stehe. In dieser Runde begegnete ich Özden. Was er sagte, hat mich sehr überrascht und neugierig gemacht. Özden fragte mit Blick auf den anstehenden Wertedialog: »Wie soll ich Vertrauen fühlen und beschreiben, wenn ich es nie erlebt habe?« Von unserem Team erfuhr ich, dass er eine bewegte Vergangenheit hatte. Er selbst erzählte mir noch am selben Abend, dass die Absicht seines Besuchs hauptsächlich darin bestand, zu beweisen, dass das, was über uns gesagt und geschrieben wird, nicht stimmt. Er versuchte im Gespräch mit den Mitarbeitern eine Bestätigung zu bekommen, dass es eine solchermaßen sinn- und menschenorientierte Unternehmenskultur nicht geben kann. In seiner Vorstellung tat niemand und schon gar kein Unternehmen etwas ohne Berechnung. Er konnte sich nicht vorstellen, dass es Unternehmen gibt, deren Zweck nur darin besteht, Menschen zu stärken, und dass das Miteinander bei der Arbeit vielen einfach Freude bereitet. Das Erste, was er nach seiner Ankunft im Hotel tat: Er schnappte sich jeden Mitarbeiter, der ihm über den Weg lief, tauschte sich mit Zimmermädchen, Köchen und Menschen im Service und an der Rezeption aus, nur um sich seine Sicht der Dinge bestätigen zu lassen. Aber es gelang ihm nicht, Bestätigung zu finden.

Letztlich war er aber an diesem Abend nicht nur deshalb dort. Er selbst war Unternehmer und suchte daher Möglichkeiten, seine Firma und die Menschen darin zu entwickeln. Özden beeindruckte mich zutiefst. Es war diese Spannung zwischen seiner krassen Geschichte und dem, was ich in seiner Gegenwart fühlte. Bei allem Misstrauen, das er den Menschen entgegenbrachte und auch mir gegenüber formulierte, schien da irgendetwas in ihm zu sein, eine Art Offenheit und Neugier, es anders machen zu wollen, ohne dass er eine Vorstellung davon hatte, wie das möglich sein könnte.

In mir entstand der Wunsch, ihn zu unserem Curriculum einzuladen. Ich sprach ihn also an, erläutere ihm kurz, was es damit auf sich hat, und bat ihn, Teil unseres nächsten Kurses zu werden, einfach um zu erfahren, wie sich Vertrauen anfühlt, und zu verstehen, was es bedeutet, Vertrauen zu haben. Seine Antwort überraschte mich. Er fragte, was ich im Schilde führe mit dieser Einladung. Er kenne niemanden, der einem anderen etwas gebe, ohne dafür etwas haben zu wollen. Es gäbe keine Menschen, die anderen Menschen etwas Gutes tun möchten, ohne selbst Vorteile davon zu haben. Ich widersprach ihm nicht, hörte einfach nur zu, ließ das Angebot stehen und bat ihn, darüber nachzudenken.

Tage später bekam ich eine Mail, in der er sich dazu bereiterklärte, sich auf mein Angebot und das Curriculum einzulassen. Wir gingen also gemeinsam diesen Weg. In den ersten drei Modulen haben wir uns damit beschäftigt, die Vergangenheit zu verstehen, Antworten zu finden auf die Fragen: Wieso bin ich, wie ich bin? Wieso verhalte ich mich, wie ich mich verhalte? Welche Fähigkeiten habe ich im Lauf meines Lebens gewonnen? Welche Eigenschaften sind mir mit auf den Weg gegeben worden? Was ist für mich wirklich wertvoll? Was ist für mich wesentlich? Was entspricht meinem Wesen? Und aus welcher Quelle schöpfe ich?

Die Übung, die uns bei dieser Arbeit unterstützt, nennt sich Timeline. Damit visualisieren wir wie auf einer Landkarte den persönlichen Lebensweg eines Menschen. Der Teilnehmer schaut mit Unterstützung eines Coaches systematisch und vor allem emotional auf seine Vergangenheit zurück. Dabei wird er sich all der Situationen bewusst, die er als Meilensteine oder auch Wegpunkte seines Lebens bezeichnen würden. Das sind einerseits belastende Situationen wie Konflikte, Krisen, Todesfälle, Unfälle, andererseits positive Ereignisse wie Geburt der Kinder, Hochzeit, berufliche und private Erfolge. Jeden einzelnen Meilenstein betrachten wir dann unter Fragestellungen wie: Welche deiner Eigenschaften oder Fähigkeiten hat zu diesem Erfolg geführt? Welche Eigenschaften und Fähigkeiten haben dir geholfen, die Krise erfolgreich zu überwinden? Welche Werte waren für dich in dieser oder jener Situation bedeutsam? An welchen Werten hast du dich im Handeln orientiert? Gerade bei schwierigen Wert- und Lebensentscheidungen vermittelt diese Übung neue Sichtweisen und ein größeres Bewusstsein. Auf Basis der Vergangenheit hilft diese Übung dabei, neue Perspektiven für die Zukunft zu entwickeln. Es geht darum, sich seiner Schätze bewusst zu werden. Doch Schätze sind in der Regel tief vergraben. Je wertvoller sie sind, desto tiefer liegen sie. Mit dieser Übung buddeln wir uns quasi durch den Staub des Lebens, strengen uns an und machen uns auch dreckig bei dem Versuch, die Schätze zu heben.

Normalerweise machen die Teilnehmer des Curriculums diese Übung in Kleingruppen. Özden wollte aber, dass ich sie mit ihm allein durchgehe. Ich fragte ihn nach dem Grund. Er antwortete mir, dass er in seinem Leben so viel Schreckliches erlebt und getan habe, dass er sich seinen Kollegen beziehungsweise den Teilnehmern nicht so offenbaren möchte, aus Angst, sie damit zu verletzen. Ich gab ihm den Raum und wir machten uns gemeinsam auf die Reise in seine Vergangenheit.

In der Türkei geboren, verließ sein Vater die Familie sehr bald. Die Beziehung zu seiner Mutter war durch Gewalt geprägt. Er erinnerte sich an gewalttätige Szenen innerhalb der Familie und daran, dass er dieser Gewalt mit Rückzug und Flucht in eine Welt fantasievoller Geschichten begegnete. Weil seine Mutter überfordert war, wurde er Sozialwaise. Es folgte eine Zeit im Waisenhaus, in der er die immer wiederkehrende Erfahrung machte, ohnmächtig zu sein, abhängig und der Willkür anderer Menschen ausgeliefert, ob sie nun Gutes oder Schlechtes im Schild führten. Dann der Einstieg ins Rotlichtmilieu, geprägt von Obdachlosigkeit, Drogen, Gewalt. Es folgte ein Selbstmordversuch, er selbst sagt, er sei zu feige gewesen zu springen. Einige Zeit verbringt er im Gefängnis, anschließend lernt er eine Frau kennen, mit der er einen heute zehnjährigen Sohn hat. Özden baut sich etwas auf: Die ersten Schritte in die Selbstständigkeit, aber er hat ständig Angst, seine Autorität zu verlieren, was auch dazu führt, dass seine Mitarbeiter Angst vor seiner unberechenbaren Aggressivität haben. Er beschreibt sich selbst als herrisch, aufbrausend, gewalttätig. Er war zu einem Menschen geworden, der in brenzligen Situationen erst einmal zuschlug, bevor er nachfragte, wer dort stand oder worum es ging.

Am Ende schauten wir auf seine Timeline und standen nun vor der Aufgabe, herauszufinden, welche Eigenschaften, Fähigkeiten und Talente er brauchte und entwickeln könnte, um diese hasserfüllte Zeit zu überleben. Im Gespräch erfuhr ich, dass er immer das Bedürfnis verspürt hatte, sich für andere Menschen einzusetzen, zum Beispiel für seine Geschwister in der schwierigen Zeit mit seiner Mutter. Zudem war er sehr kreativ, schon als Kind hatte er sich fantasievolle Welten ausgemalt und gestaltet, um die Realität nicht sehen und spüren zu müssen. Im Gefängnis lernte er, sehr diplomatisch zu sein, zu vermitteln, sich zwischen den Insassen und den Wärtern so zu bewegen, dass er immer mehr zum Ansprechpartner für beide Seiten wurde, ganz besonders dann, wenn es irgendwo Probleme gab. Nicht selten löste er Konflikte mit Humor und überwand dadurch die Kluft zwischen Ideal und Realität. Wo er auch war, setzte er sich dafür ein, dass sich die Menschen in seinem Umfeld zu einer Gemeinschaft entwickelten und so zum Beispiel für alle Beteiligten die Zeit im Gefängnis erträglicher wurde. Er stand zu seiner Persönlichkeit, hatte Rückgrat, ließ sich nicht verbiegen, was ihn immer wieder vor Herausforderungen stellte. Er konnte Situationen durch- und aushalten, war geduldig. Abends, alleine in der Zelle, musste er mit sich und seinen Gedanken klarkommen, musste lernen, sich selbst zu ertragen.

Im Lauf unserer Zusammenarbeit wurde mir deutlich, dass er sich zwar dieser Eigenschaften und Fähigkeiten bewusst geworden war, sich aber mit Händen und Füßen dagegen wehrte, sie anzunehmen, sich zu ihnen zu bekennen und damit auch sich selbst anzunehmen. Alle diese Eigenschaften hatte er in einer Zeit entwickelt, die für ihn so negativ besetzt war, daher war all das, was in dieser Zeit geschah, was ihn prägte, in seinen Augen schlecht, musste verschwinden, hatte in seinem jetzigen Leben nichts mehr zu suchen. Doch was bleibt, wenn ich meine Vergangenheit verurteile? Ist sie nicht Teil meiner Persönlichkeit? Ist es nicht gleichgültig, unter welchen Umständen und mit welcher Motivation ich meine Eigenschaften und Fähigkeiten entwickelt habe? Zumindest dann, wenn ich sie zukünftig unter einen anderen Stern stelle, sie dafür einsetze, um etwas Gutes zu bewirken?

Ich bat Özden darum, sich an seine Erkenntnisse aus unserer bisherigen Wertearbeit zu erinnern. Was ist es, was für ihn im Moment wirklich wesentlich ist, was ihm viel bedeutet, wofür er sich einsetzen will? Özden nahm eine Moderationskarte und schrieb darauf: Familie. Schon in den letzten Jahren ist für ihn die Familie durch die Begegnung mit seiner Frau und die Geburt seines Sohnes immer bedeutsamer geworden, auch wenn sein Handeln dies nicht immer erkennen ließ. Einerseits gab es diese Sehnsucht nach Familie und Gemeinschaft, andererseits fehlte ihm das Bewusstsein, wie er diese Sehnsucht leben konnte.

Nachdem er die Moderationskarte auf der Timeline platziert hatte, bat ich ihn, sich zurück an den Ursprung zu begeben, seine Timeline abzuschreiten und weitere Eigenschaften aufzunehmen, die ihn dabei unterstützen werden, den Wert der Familie tatsächlich zu leben. Er beschriftete weitere Karten mit Begriffen wie kreativ, humorvoll, diplomatisch, spontan, beschützend, ermutigend und drapierte sie um die Moderationskarte mit dem Wert Familie. Das Ergebnis machte ihn sprachlos. Für ihn war das, was er gelebt hatte, grausam und völlig bedeutungslos, ja geradezu abschreckend. Und nun erkannte er, dass er seine Eigenschaften auch für etwas Sinnvolles einsetzen konnte. Er sah, dass sie wertvoll sind, egal unter welchen Umständen sie entstanden, und erkannte, dass es genau die in seiner Vergangenheit teuer erkauften Fähigkeiten sind, die ihm nun dabei helfen, »seinen« Wert Familie besonders gut zu leben, dass er genau diese Eigenschaften braucht. Tränen traten ihm in die Augen. Sein ganzes Leben hatte ihm dazu gedient, ihn vielleicht sogar darauf vorbereitet, ab jetzt genau das leben zu können, was ihm wichtig ist. Mit dieser Erkenntnis ging er im Anschluss an das Curriculum wieder zurück in seine Welt.

Vor Kurzem telefonierte ich mit Özden und erfuhr, dass unsere gemeinsame Reflektion weitere Spuren hinterlassen hat. Er erzählte mir, dass er durch sein eigenes Leid die Fähigkeit gewonnen habe, andere Menschen dabei zu unterstützen, ihr Leid aufzulösen. Dass er gelernt habe, sich anzunehmen und zu lieben, so, wie er ist, und dass seine Vergangenheit dem nicht mehr im Weg steht. So hat er erfahren, wie es ist, sich selbst zu lieben, das Leben zu lieben, sein Leben zu lieben, egal, was passiert. Ferner ließ er mir folgende Zeilen zukommen:

Lebe im Jetzt,
schaue mit dem Herzen,
pflanze Mut
und ernte Weisheit.

meine TIMELINE
HALLO LEBEN, HIER BIN ICH!
GEBURT
GLÜCK
FINDE DAS WERTVOLLE IN DER KRISE
& WACHSE DARAN
HUH, DA MUSS ICH DURCH!
ZITTER!
YES, I CAN!
GIBT STÄRKE & SELBST VERTRAUEN
KRISE
KRISE & LÖSUNG
JA!
LIEBE & GLÜCK
LIEBE
BURNOUT
TOLLER JOB NETTES TEAM
KRANK
KRISE
GLÜCK
GLÜCK
DAS HILFT MIR WEITER
DAS LERNE ICH & NEHME ICH MIT
WO STEHE ICH IN 30 JAHREN?
HEUTE
DIES IST mein STERN

Mich hat die Geschichte von Özden zutiefst berührt, zeigt sie mir doch, dass es immer eine Chance gibt, aus Wunden Perlen werden zu lassen. Seine Zeilen erinnern mich an zwei weitere Gedanken, die die Regel durchziehen: Liebe und Weisheit. Liebe ist das Motiv, Weisheit das Ziel.

Gesund leben

Benedikt hat sich schon vor 1500 Jahren mit einer Lebensgestaltung auseinandergesetzt, die auf das physische, psychische und soziale Wohlbefinden der Menschen ausgerichtet ist. Die Regel steht für die klare Aufforderung: psychosoziale Gesundheit statt Burnout oder Vitalität statt Mattheit. Für immer mehr Menschen spielt ihre Gesundheit eine wesentliche Rolle, zumindest mit zunehmendem Alter. In der ersten Hälfte des Lebens ruinieren viele Menschen ihre Gesundheit, um mit ihrer Arbeit Geld zu verdienen oder Karriere zu machen. In der zweiten Lebenshälfte geben sie dann dieses Geld wieder aus, um gesund zu werden. Von außen betrachtet wirkt das Verhalten sehr seltsam. Deshalb wäre es klug, die Menschen auch an ihrem Arbeitsplatz dabei zu unterstützen, physisch, aber vor allem psychisch gesund zu bleiben und sich sozial wohlzufühlen. Gerade weil die Lebenserwartung immer weiter steigt, muss jeder noch mehr dafür tun, um fit zu bleiben. Auch für Unternehmer muss es ein wesentliches Anliegen sein, die Gesundheit der Mitarbeiter zu fördern und zu erhalten – schon für die Zukunftssicherheit des Unternehmens.

Die in der Benediktsregel beschriebene Lebensgestaltung ist in diesem Punkt aktueller denn je. Sie folgt einem eher salutogenetischen Ansatz, der zeigt, wie Menschen bis in hohe Alter gut und gesund leben können. Die Mönche haben die monastische Lebensgestaltung mit ihren gesundheitsfördernden Lebensgewohnheiten und nicht Medikamenten zu den bestimmenden Faktoren ihrer Gesundheit gemacht. Wir können davon lernen und vieles auch im Unternehmen umsetzen.

In unserem Curriculum fokussieren wir uns dabei auf die sogenannten fünf benediktinischen Weisheiten: ausreichenden Schlaf, gesunde Ernährung, Zeit in Gemeinschaft und in Stille, Bewegung – und in allem das rechte Maß.

Schlaf

Mit Blick auf den Schlaf werde ich gerade in Managerkreisen der alten Schule immer wieder mit Menschen konfrontiert, die sich damit brüsten, mit dem Schlafpensum Napoleons, also vier Stunden pro Nacht, auszukommen. Wer allerdings einmal so richtig müde war, wird sich vielleicht daran erinnern, wie ihm oder ihr die Welt mit müden Augen erscheint. Jeder kann sich zum Beispiel fragen, wie es sich mit der Hilfsbereitschaft gegenüber anderen Menschen verhält, wenn er müde ist. Ein ausreichender und vor allem gesunder Schlaf ist einerseits Quelle, andererseits Ausdruck psychosozialer Gesundheit. So wie Benedikt darauf achtet, dass Novizen zunächst das Essen und Schlafen lernen (RB 58,5), ermutigen wir unsere Mitarbeiter im Rahmen unseres Curriculums, sich ihrer Schlafgewohnheiten bewusst zu werden, um sie dann in energiebringende Gewohnheiten weiterzuentwickeln. Jeder weiß, wie es sich anfühlt, ausgeschlafen und fit zu sein. Mir selbst wird das immer wieder bewusst, wenn ich lange unterwegs war und zum Abend Gefangener meiner dann zumeist destruktiven Gedanken werde. Selten gelingt es mir dann noch, ein Problem zu lösen. Vielmehr entsteht daraus häufig eine Spirale, in der ich Probleme um und um wälze, aber zu keinem Ergebnis komme. Wenn ich am nächsten Morgen aufstehe, sieht die Welt schon wieder ganz anders aus. Bei mir ist es gar so, dass es sich auf meine Meditation, meine schriftliche Reflektion, meine Planung und nicht zuletzt auf meine Ernährung negativ auswirkt, wenn ich zwei oder drei Mal zu spät ins Bett komme. Für mich bedeutet zu wenig Schlaf der Einstieg in eine mentale und körperliche Abwärtsspirale. Eine erholsame Nacht wiederum erhöht die Fähigkeit, mit Stress umzugehen, senkt das Risiko für viele körperliche und seelische Erkrankungen und erhöht damit deutlich die Lebensqualität. Ausgeschlafene Menschen sehen die Welt auch mit anderen Augen – und meistens ziemlich positiv.

Gemeinschaft

Dann geht es Benedikt um die Gemeinschaft als einem wesentlichen Faktor gesunden Menschseins. Die Folgen dieses für Benedikt wichtigen Anliegens werden gut 1500 Jahre später in einer achtzig Jahre andauernden Studie der Harvard Universität wissenschaftlich belegt. Aus ihr geht hervor, dass die Qualität der Beziehungen mit Menschen, die einem wichtig sind (Familie, Freunde, Ehepartner), ausschlaggebend dafür ist, ob wir mit achtzig Jahren noch fit und vital sind. Das bedeutet, dass wie vor 1500 Jahren Familie, Freundschaft, Nachbarschaft, Kollegialität auch in Zukunft eine wichtige Rolle spielen im Hinblick auf unsere Gesundheit. Robert Waldinger, Professor für Psychologie und Leiter dieser Studie, warnte sogar bei einem Vortrag in Boston: »Einsamkeit tötet. Sie ist so mächtig wie Rauchen oder Alkoholismus.«

In einer sich immer schneller verändernden und komplexer werdenden Welt ohne Halt wird die Sehnsucht nach Stabilität und Sicherheit, Geborgenheit und Zusammengehörigkeit immer größer. In den letzten zwanzig Jahren hat sich die Anzahl der Singles um über 50 Prozent erhöht. Aber gerade mit zunehmendem Alter löst das Bedürfnis nach sozialem Wohlstand das nach materiellem ab. Das bedeutet: soziale Kontakte werden wertvoller als Geldanlagen, die »Nabelschnur« wichtiger als die Nabelschau. Ein konkretes Beispiel dafür war ein Mitarbeiter eines unserer Hotels auf Föhr: Er lebte als erfolgreicher, aber eher einsamer Bankmanager in der Mitte Deutschlands – und hat sich dafür entschieden, sich bei uns als Tellerwäscher zu bewerben. Er wurde Page, lebte in einer Wohngemeinschaft und fühlte sich im Hotelteam pudelwohl. Gerade mit Blick auf eine ungesicherte Versorgung im Alter wird es immer wichtiger, Gemeinschaften zu bilden, deren Mitglieder sich gegenseitig unterstützen. Wir versuchen, dem gerecht zu werden, indem wir die gelingende Beziehung zu einem unserer Kernanliegen in unserem Unternehmen gemacht haben. Es geht darum, die Menschen dabei zu unterstützen, (wieder) beziehungsfähig zu werden – dann wird auch ihre Hand auf dem Sterbebett nicht ins Leere greifen.

Des Weiteren haben wir uns als Unternehmen damit auseinandergesetzt, wie wir diese beziehungsmäßigen Selbstheilungskräfte des Menschen unterstützen und noch mehr Sicherheit und Geborgenheit im Alter in Aussicht stellen können. Im Rahmen der Wandlung unseres Unternehmens in eine gemeinnützige Stiftung haben wir uns so zum Beispiel dafür entschieden, dass wir Immobilien erwerben, die wir in Zukunft dafür nutzen werden, den Rentnern eine sichere Bleibe mit Pflegedienst zu bieten, um in Würde altern zu können. Wichtig war uns, dass die Konditionen stimmen, das heißt, dass die ehemaligen Mitarbeiter sich das leisten können, und zwar unabhängig ihrer staatlichen Rente. Ein Zimmermädchen, das heute vielleicht 1.800 Euro Gehalt im Monat bekommt, würde ohne diese Option in eine sehr unsichere Zukunft schauen. Auch in diesem Punkt gibt die Regel Benedikts wertvolle Impulse für den Weg in eine von der äußeren Komplexität unabhängigere Gemeinschaft, die der Sehnsucht der Menschen nach Freiheit, aber auch Geborgenheit und Sicherheit Rechnung trägt: »Zwar neigt der Mensch schon von Natur aus zu barmherziger Rücksicht auf die Lage der Alten und der Kinder; doch soll auch durch die Autorität der Regel für sie gesorgt sein.« (RB 37,1)

Stille

Eine weitere benediktinische Weisheit, die große Auswirkungen auf die Gesundheit hat, ist die Stille, das Beten oder die Meditation. Die Stille befähigt uns, mit dem Ohr des Herzens unsere innere Stimme, unser Gewissen zu hören. Doch den ganzen Tag sind wir beschäftigt, insbesondere während oder im Zusammenhang mit der Arbeit. In einem Bild beschrieben, sind wir die ganze Zeit damit beschäftigt zu schöpfen. Wir stehen sozusagen vor einem Brunnen, aus dem wir immerzu eimerweise Wasser schöpfen. Irgendwann sind wir erschöpft und sinken zu Boden. Wenn wir aber öfters eine Pause beim Schöpfen einlegen würden, dann würde sich die Wasseroberfläche im Brunnen beruhigen und wir könnten darin unser Spiegelbild erkennen, ein Bild, das uns zeigt, wie es uns gerade geht. Es braucht die Pause, um sich selbst zu erkennen. Aus diesem Grund darf es auf der Liste der dringend zu erledigenden Dinge nichts Wichtigeres geben, als im gewohnten Tagesablauf regelmäßig innezuhalten und still zu werden. Immer wieder begegnen mir Menschen, die behaupten, keine Zeit zum Nachdenken zu haben. Doch wenn ich nachfrage, wird deutlich, dass es nicht die Zeit ist, die ihnen fehlt, sondern die Ruhe. In die Stille zu gehen erfordert Mut. In der Stille gibt es keine Ablenkung, kein TV, keine Events, kein Smartphone. In der Stille muss ich mich selbst aushalten, und das ist die größte Herausforderung. Denn hier werde ich auf mich selbst zurückgeworfen und mit meinem Schatten konfrontiert. Vom Altvater Antonius, dem Urvater des christlichen Einsiedlerwesens, gibt es Berichte, wie er mit dieser Konfrontation, mit den inneren Mächten – er bezeichnete sie als Dämonen –, den negativen Gedanken umgegangen ist. Er nannte sie beim Namen und fragte: »Wer bist du? Von wo kommst du? Was willst du?«

Das Schöpfen steht hier also nicht nur für das Handeln, sondern insbesondere auch für das Denken. Unser Gehirn unterscheidet nicht zwischen dem, was wir denken, und dem, was wir tun. Es spielt also keine Rolle, ob wir nur an das Gespräch mit dem Vorgesetzten denken oder es tatsächlich stattfindet. Körperliche Reaktionen wie Stress sind Folge von beidem. Also geht es nicht nur darum, körperlich zur Ruhe zu kommen, sondern auch geistig. Wenn wir im Bild des Brunnens bleiben, werden wir sehen, dass die Wasseroberfläche immer ruhiger wird, bis wir uns selbst in ihr spiegeln. Es geht immer wieder darum, Freiraum zu haben, in dem ich gegenwärtig sein darf und mich der äußeren, manifesten Welt der Gedanken und Formen entziehen, in denen ich meinen Geist aus den Klauen des Verstandes befreien kann und die »Scheinwerfer« meiner Aufmerksamkeit auf mein tiefstes Inneres ausrichte.

Tatsächlich ist es möglich, das Einhalten im Schöpfen, die Pause, die Geist und Körper brauchen, auch in bestehenden Strukturen eines wirtschaftlichen Unternehmens zu kultivieren. Für uns ist das regelmäßige Schweigen und das In-sich-Hineinhorchen in unsere Curricula und das Schweigen vor so manch einer Besprechung ein wesentlicher Bestandteil unserer Schulungs- oder Besprechungsordnung. In unserem Curriculum meditieren wir zum Beispiel drei Mal am Tag und haben dabei erfahren, wie gut die Auszeit den Mitarbeitern und Teilnehmern tut. Darüber hinaus versuchen wir, die mit der Stille einhergehende Achtsamkeit als wesentlichen Wert in unserem Unternehmen zu kultivieren.

Wie beschrieben, fiel es mir zu Beginn meiner Klosterzeit enorm schwer, in die Stille zu gehen. Und auch in unseren Kursen und im Unternehmen erfahre ich Vorurteile, Ängste und Unsicherheiten im Umgang mit in die Stille führenden Meditationen. Es waren eine Frage und ein Bild, die einigen von ihnen dabei geholfen haben, die ersten Meditationen gut zu überstehen. Die immer wiederkehrende Frage lautete: Woran erkennst du diesen Augenblick? Das fokussiert die Menschen auf die Gegenwart, darauf, was sie in diesem Moment wahrnehmen, seien es Gedanken, Gefühle, Geräusche, Gerüche oder körperliche Regungen. Das Bild, das ich darüber hinaus den Teilnehmern der Meditation angeboten habe, kommt tatsächlich aus der Arbeitswelt: die Abwesenheitsnotiz im Mailprogramm. Viele Menschen machen die Erfahrung, dass sie eine eingehende Mail in ihren Bann zieht und ihnen vielleicht sogar Druck macht, ganz besonders dann, wenn sie sie lesen, aber nicht gleich bearbeiten können. Dann schwirrt sie unweigerlich in ihrem Kopf herum und raubt ihnen Energie. Wenn sie aber im Urlaub sind und sich erlauben, eine Mail nicht zu lesen oder zu bearbeiten, fällt der Druck weg. Der Grund: Das Aktivieren einer Abwesenheitsnotiz. Sie gibt mir das Recht, jetzt nicht handeln zu müssen, und schenkt mir die Sicherheit, dass kein anderer in diesem Moment von mir erwartet, die Mail innerhalb der nächsten Stunden zu bearbeiten und zu beantworten. Im Rahmen einer Meditation kann ich mir also vorstellen, eine Abwesenheitsnotiz für meinen Geist als Absender zu aktivieren. Denn während der Meditation werde ich genauso Gedanken an die Zukunft oder Vergangenheit haben, wie Mails während meines Urlaubs in meinem Account eintreffen. Ich kann in meinem Geist formulieren: »Lieber Gedanke, liebe Aufgabe, in den kommenden zwanzig Minuten bin ich im Urlaub und nicht erreichbar. Nach meiner Rückkehr werde ich mich gerne wieder mit dir befassen. Vielen Dank für dein Verständnis.«

Die Mitarbeiter und Teilnehmer gaben mir die Rückmeldung, dass ihnen das durch die Abwesenheitsnotiz bekannte Gefühl dabei geholfen hat, ihre Gedanken zwar wahrzunehmen, sie sich aber nicht dazu verpflichtet fühlten, sich mit ihnen zu beschäftigen. Und genau darum geht es, wenn wir kraftvoll und voller Energie bleiben wollen: der Fähigkeit zu entwickeln, sich bewusst für oder gegen Gedanken oder Handlungen zu entscheiden. Genau wie Gewohnheiten sind auch meine Gedanken so etwas wie Werkzeuge, die ich allerdings nur in dem Moment benutze, wenn ich sie wirklich brauche. Und diesen gezielten Einsatz kann ich trainieren.

Wenn ich mich regelmäßig in der Stille auf den inneren Weg begebe, meinem Selbst immer näherkomme und mich dadurch der äußeren Welt, ihren Ansprüchen, Anforderungen und Meinungen entziehe, hat sie auch immer weniger Macht über mich und mein Befinden. In der Stille gelange ich auf den Grund meiner Seele. Und dort gibt es einen Ort, der für die äußere Welt verschlossen ist, an dem ich frei von den Erwartungen anderer, heil und ganz, ursprünglich und authentisch, rein und klar bin. An diesem Ort wohnt mein Geheimnis, dort bin ich daheim, hier sprudelt meine Lebensquelle. Wenn ich aus dieser Quelle trinke, bin ich unverletzlich. In der Stille geht es darum, die Kraft der Gegenwart zu erleben. Das geschieht, wenn ich mich vorübergehend von den Fesseln meines Geistes befreie und meine Gedanken an die Vergangenheit oder Zukunft loslasse.

Schon nach meinem ersten Klosterbesuch durfte ich den kraft- und energiespendenden Wechsel zwischen Arbeit und Stille erfahren, auch wenn es ein wenig Disziplin, Übung und Zeit braucht, das »ora et labora« als gute Gewohnheit zu kultivieren und Strukturen zu schaffen, die eine Ausgewogenheit zwischen Arbeit und Pause fördern. Was ich im Kloster erlebt habe: dass die Pausen den Tagesrhythmus bestimmen und nicht die Termine. Ich denke, dass eine solche Struktur auch in einem Unternehmen viel Energie erzeugen kann.

MEDITATION

Zur Ruhe kommen…
…GEDANKEN KOMMEN…. GEDANKEN GEHEN…. LASS SIE ALLE ZIEHEN……
HALLO…
…&TSCHÜẞ!
BESCHÄFTIGE DICH MIT MIR!
Einatmen
Ausatmen
& zu SICH finden

Was Gemeinschaft wirklich heißt

Was ihr dem Geringsten meiner Geschwister getan habt …

»Arme bewirten. Nackte bekleiden. Kranke besuchen. Tote begraben. Bedrängten zu Hilfe kommen.« (RB 4,14–18)

Auch diese Sätze aus der Regel Benedikts haben meiner Ansicht nach etwas mit einem Unternehmen zu tun. Denn wie menschlich eine Gemeinschaft wirklich ist, wie gut sie tatsächlich funktioniert, lässt sich in meinen Augen im Wesentlichen daran ablesen, wie sie mit ihren schwächsten Gliedern umgeht. Zu gelingender Gemeinschaft zählt, dass alle dazugehören, nicht nur die, die Erfolg haben. Daher ist es mir wichtig, dass nicht nur der Einzelne als Mensch reift und wächst, sondern sich auch für die einsetzt, die sich aus verschiedensten Gründen nicht um sich selbst kümmern können.

Seit 2011 gibt es daher bei uns soziale Projekte, die die Mitarbeiter während ihrer Arbeitszeit unterstützen. In unserer Emder Verwaltung haben sich zum Beispiel einige Mitarbeiter dafür entschieden, wöchentlich den Tafeln dabei zu helfen, den Bedürftigen das Essen auszuteilen. In einem anderen Projekt haben sich die Mitarbeiter unseres Emder Hotels zusammengetan, um sozial benachteiligten Kindern einen unbeschwerten Tag zu ermöglichen. Dazu mieteten sie den Emder Kulturbunker, und die sieben- bis zehnjährigen Schüler der Grundschule eines sozialen Emder Brennpunktes kommen hier mit ihnen zusammen. Der Alltag vieler Schüler ist geprägt durch den Umgang mit ihren alkoholkranken, kriminellen, gewalttätigen oder drogenabhängigen Eltern. Im Kulturbunker wurde nun gemeinsam gekocht, gebastelt, es wurden Geschichten vorgelesen, es gab Turniere im Torwandschießen und vieles mehr. So hatten die Kinder einen ganzen Nachmittag lang die volle Aufmerksamkeit der Erwachsenen und das gab ihnen das Gefühl, in diesem Moment bedeutsam zu sein.

Dabei gab es auch einen Kochmützenmalwettbewerb, den ein Koch unseres Hotels betreute, der bis dahin nicht dafür bekannt war, besonders fürsorglich mit den ihm anvertrauten Auszubildenden umzugehen. Als ihm ein kleines Mädchen die von ihr kreierte Kochmütze übergab, senkte sich sein Blick – eine Sekunde, zwei, drei, vier verharrte er in dieser Position. Nach einer gefühlten Ewigkeit schaute er auf und ich sah seine roten, feuchten Augen und dass ihm die Tränen herunterliefen. Ich wollte erfahren, was geschehen war. Als ich näher kam, zeigte mir der Koch, was er noch immer in den Händen hielt. Dort stand geschrieben: »Vielen Dank, heute ist der schönste Tag in meinem Leben.« Zwei Jahre später wurde ich auf der Vollversammlung der Emder IHK vom Präsidenten angesprochen, er wollte mir zum außerordentlich guten Abschlussergebnis eines Kochlehrlings gratulieren. Ein junges Mädchen hatte seine Prüfung mit 99 Punkten bestanden, das beste Prüfungsergebnis seit zwanzig Jahren in der IHK. Ihr Ausbilder war unser Koch, dem offensichtlich in der Begegnung mit dem Kochmützen-Kind bewusst geworden ist, wofür es sich lohnt, sich einzusetzen. Für den Koch und für die Menschen, die mit ihm zu tun haben, ist dieses kleine Mädchen mit einem so schwierigen Zuhause zu einem Engel geworden.

Diese Geschichte machte mir zum ersten Mal bewusst, wie arrogant es wäre, sich aufgrund des sozialen Engagements als Wohltäter bezeichnen zu lassen, denn ich glaube, es ist genau andersherum: Wir können von den vermeintlich Schwachen viel mehr lernen und geschenkt bekommen, als wir ihnen jemals geben können. Auch hat mich diese Geschichte gelehrt, uneingeschränkt allen Menschen mit Demut zu begegnen; auch wenn es mir nicht immer gelingt. Sie ist die Voraussetzung, um in der Begegnung mit anderen Menschen wachsen zu können.

Mittlerweile sind wir durch viele Begegnungen mit vermeintlich Schwachen reichlich beschenkt worden. Zum Beispiel durch die Kinder Ruandas, denen wir im Rahmen unserer afrikanischen Schulbauprojekte begegnen dürfen und von denen wir Nachhilfeunterricht in afrikanischer Mitmenschlichkeit (Ubunthu) erhalten, und von denen wir lernen dürfen, wie wertvoll es ist, einem Menschen zu vergeben, glücklich zu sein, ohne viel zu haben, oder aber trotz großer Armut die Schöpfung nicht aus den Augen zu verlieren. Jedes Jahr fliegen 20 Upstalsboomer nach Ruanda, um anschließend mit reichlich Menschlichkeit beschenkt wieder ihre Rückreise anzutreten, und das in der Hoffnung, dieses Ubunthu in ihrer Familie, den Kollegenkreisen oder im Unternehmen zu kultivieren. Im Februar 2018 reisten zudem die ersten beiden Kinder, Patrick und Janvier, des deutschen, in Ruanda lebenden Ziehvaters Dr. Alfred Jahn bei uns legal und mit offiziellen Papieren in Emden an. Ihre Motive sind, als Erstes Deutsch zu lernen, ihre Hotelausbildung bei uns zu absolvieren, um anschließend ihre Erkenntnisse dafür zu nutzen, die touristische Entwicklung in Ruanda voranzubringen. Der deutsche Chirurg hatte die beiden als Vollwaisen zu sich genommen, nachdem ihre Eltern 1994 im Genozid abgeschlachtet wurden. Heute, gut 25 Jahre nach diesem Ereignis, sehen diese Jungen sich motiviert, ihre ruandesische Welt ein Stück weit schöner zu gestalten. Die Möglichkeit, sie auf ihrem Weg zu unterstützen, schenkt unseren Mitarbeitern tiefe Sinnerfüllung.

Ein anderes Beispiel sind die Familien der Kinder, die ihren letzten Lebensabschnitt in einem Hospiz verbringen. Unsere Mitarbeiter engagieren sich dafür, dass viele Eigentümer, deren Ferienwohnungen wir vermieten, diese zur Verfügung stellen, damit die Familie noch einmal die Möglichkeit hat, den vielleicht letzten Urlaub gemeinsam zu verbringen oder einfach nur dem von Krankheit und Tod geprägten Alltag zu entfliehen.

Das Prinzip Augenhöhe

»Der Abt bevorzuge im Kloster keinen wegen seines Ansehens.« (RB 2,16)

»Er ziehe nicht den Freigeborenen einem vor, der als Sklave ins Kloster eintritt, wenn es dafür keinen vernünftigen Grund gibt.« (RB 2,18)

»Wer seinen Dienst gut versieht, erlangt einen hohen Rang.« (RB 31,8)

»Keiner achte auf das eigene Wohl, sondern mehr auf das des anderen.« (RB 72,7)

In dem Film »Die stille Revolution« erläutert die Hamburger Trendforscherin Birgit Gebhardt, dass die neue Wirtschaftslogik nicht mehr dem Bild der Pyramide entspräche, sondern dem des Netzwerkes. In diesem Zusammenhang stellt sie dann auch die Frage, wie wir mit den Problemen umgehen, die sich daraus ergeben. Eine Antwort darauf bleibt der Film schuldig. Schon vor 1500 Jahren beschäftige sich Benedikt mit dieser Frage, und zwar sehr konkret und auf eine für die damalige Zeit völlig verrückte Art und Weise. Er erlaubte nicht, dass Menschen mit Autorität über der Gemeinschaft stehen. Das Bild, das seiner Logik wohl am ehesten entspricht, ist das eines Speichenrades, wie es schon Laotse im Tao te King beschrieben hat: »Wir verbinden Speichen miteinander, aber die Nabe ist es, die den Wagen zum Rollen bringt.« Dieses Bild ist dem des Netzwerkes sehr ähnlich, denn darin bringen Menschen etwas in Bewegung, die anderen einen Nutzen stiften, indem sie sie miteinander verknüpfen oder anderweitig bei ihren Unternehmungen unterstützen. Je mehr Menschen diese Unterstützung erfahren, desto häufiger wird der Initiator kontaktiert werden. Im Netzwerk entsteht dann an dieser Stelle ein immer stärker werdender Knotenpunkt, der sein Umfeld immer intensiver miteinander in Verbindung bringt, es mobilisiert, gleich der Nabe eines Rades.

In der Regel Benedikts finden sich mehrere Leitsätze, die diese für die damalige Zeit vollkommen neue Philosophie und Autorität in der Gemeinschaft manifestierten und dem Abt klare Hinweise geben, aus welcher Haltung und mit welchem Verhalten er diesem Bild eines Menschen, der andere in Bewegung bringt, gerecht wird. Einzelne Sätze der Regel illustrieren das sehr gut: »Wer seinen Dienst gut versieht, erlangt einen hohen Rang« (RB 31,8). Oder: »Keiner achte auf das eigene Wohl, sondern mehr auf das der anderen« (RB 72,7). Hier wird deutlich, dass es innerhalb der klösterlichen Strukturen genau um das Gegenteil von dem geht, was sich vor Jahrtausenden in unserem Geist in Form einer Pyramide eingebrannt hat und sich bis in die heutige Zeit in den Organisationen und Strukturen vieler Unternehmen wiederfindet. Die Pyramide ist ein System der Leistungsgesellschaft – und damit ebenfalls das Gegenteil von dem, was nicht nur Benedikt, sondern auch Fritjof Bergmann als Gründer von New

Work oder Patrick D. Cowden als Gründer von Beyond-Leadership in ihrem Ansinnen, Arbeit neu zu gestalten, miteinander verbindet.

Mir war das lange nicht bewusst. Aber wenn ich etwas verstehen will, dann muss ich mir ein Bild davon machen können. Das wurde mir klar, als ich mit Prof. Jürgen Fuchs auf der Terrasse unseres Hotels in Varel saß und er mir die Frage stellte, welches Bild unsere aktuelle Organisationsform zum Ausdruck bringt. Ich begann über postmoderne Organisationsstrukturen zu sprechen, doch schon nach kurzer Zeit unterbrach er mich und wiederholte seine Frage: »Welches Bild bringt unsere derzeitige Organisationsform zum Ausdruck? Wie sieht unser Organigramm aus?« Dieses Mal blieb ich ihm eine Antwort schuldig.

In diesem Moment erinnerte ich mich daran, dass er uns schon im Vorfeld darum gebeten hatte, ihm Organigramme unseres Unternehmens zuzusenden. Die Antwort, die er von meiner Kollegin Anja bekam, war sehr einfach: Wir nutzen keine mehr. Wir haben die alten, vertikal ausgerichteten Grafiken mit ihren Linien, Kästchen und Kreisen einfach in der Schreibtischschublade verschwinden lassen und sie nicht weiter berücksichtigt. Unser Anliegen war, nicht mehr in Position und Funktion und schon gar nicht in Stellenbeschreibung zu denken. Die Antwort war für Prof. Fuchs in Ordnung, aber er vermisste ein neues Bild, das die bisherige Darstellung unserer Organisation ersetzte und unsere Zusammenarbeit auf andere Art und Weise zum Ausdruck brachte. »Wozu dieses Bild?«, fragte ich. »Unser tägliches Handeln wird zu 90 bis 95 Prozent von unserem Unterbewusstsein bestimmt. Und unser Unterbewusstsein arbeitet nur auf der Grundlage von Bildern. In den Bildern, die wir uns von etwas machen, steckt die Kraft des täglichen Tuns«, antwortete er mir. Wir begannen über unterschiedliche Bilder der Organisation zu sprechen. Die Pyramide machte den Anfang.

Die Pyramide

Die Anfänge des hierarchischen Denkens liegen in einer Zeit, in der es dem Menschen gelang, Tiere zu domestizieren. Seither ist das Zusammenleben nicht nur zwischen Tier und Mensch, sondern auch der Menschen untereinander geprägt von einem Oben und einem Unten. Das Bild zu dieser Form von Hierarchie ist die Pyramide. Auch heute finden wir in der westlichen Welt nur wenig Alternativen zu dieser Art von Organisation. Die Prinzipien dieser pyramidenhaften Struktur sind sehr einfach zu verstehen. Es gibt einen Chef – früher einen König, Kaiser, Gottgleichen –, der an oberster Stelle steht. Darunter folgten früher die Adligen: Grafen, Herzöge oder hohe Geistliche, die für einen Teil des Ganzen zuständig waren. Heute entspricht das dem Abteilungsleiter, der im wahrsten Sinne des Wortes dafür zuständig ist, das große Ganze in Abteilungen (wie im Zug) aufzuteilen. Schon an Handlungen, die ihm zugeordnet werden können – aufteilen, trennen, entbinden – wird deutlich, dass das Ganze, also die Gemeinschaft, seine eine Identität verliert, in viele Teile auseinanderbricht und so die Zusammenarbeit deutlich erschwert wird. Darüber hinaus sind die für die Abteilung Zuständigen ständig »zu« – zum Beispiel mit Terminen. Am unteren Ende der Pyramide stehen die früher als Sklaven, Leibeigenen und Knechte bezeichneten Menschen, heute die sogenannten disziplinarisch Untergebenen. Sie haben weniger Rechte, kaum Befugnisse und sind damit häufig ohnmächtig, da sie keine Macht haben, etwas zu entscheiden oder zu ändern. Prof. Fuchs hatte in diesem Kontext einen anschaulichen Aphorismus parat: »Mit einer Richtlinie kann man Menschen ausrichten und abrichten. Man kann sie auch hinrichten, wenn sie etwas angerichtet haben. Alles mit dem Ziel, dass sie ja nichts mehr anrichten! Wetten, dass diese Menschen jetzt nichts mehr anrichten – aber auch nichts mehr ausrichten?!«

Aus den Whitehall-Studien wissen wir, dass das Gefühl, ohnmächtig, von der Willkür anderer abhängig zu sein, Stress erzeugt und somit auf Dauer krank macht. In Japan gibt es sogar einen Begriff für den stressbedingten Tod: Karōshi. Mittlerweile ist es in Japan anerkannt, dass Erwerbstätige nicht über Jahre hinweg sechs bis sieben Tage pro Woche mehr als zwölf Stunden täglich arbeiten können, ohne körperlich und geistig darunter zu leiden. Weil mittlerweile Karōshi juristisch als haftungspflichtige Todesart anerkannt ist, verklagen immer mehr Angehörige von Opfern die jeweiligen Arbeitgeber auf Entschädigungszahlungen. Nicht nur die logische, sondern auch die psychologische Konsequenz daraus ist, dass viele Untergebene versuchen, sich aus dieser Situation zu befreien. Die einen gehen zur Gewerkschaft, die anderen flüchten in die eigene Karriere. Denn: Je weiter man nach oben kommt, desto freier wird man. Da es auf dem Weg in diese vermeintliche Freiheit aber weniger Stellen als Interessierte gibt, muss ich besser, muss ich erfolgreicher sein als andere, und zwar im Sinn des Königs, des Chefs oder einer ganzen Gesellschaft. Unter Aufsicht des Chefs oder eines anderen Höhergestellten muss ich mich also mit anderen vergleichen, mit ihnen in den Wettbewerb treten, gegen sie kämpfen, um als Gewinner in der Rangordnung nach oben zu kommen, besser dazustehen. In einer durch die Hierarchie geprägten Kultur ist ein beruflicher Aufstieg häufig damit verbunden, dem Chef zu gefallen, statt zu tun, was das Gewissen verlangt oder die Situation erfordert. Und dieses Schaulaufen und sich ständig gegenseitig zu übertreffen, um die Gunst des Königs zu bekommen, beschränkt sich nicht auf den Einzelnen. Ganze Abteilungen sehen ihre Motivation bei der Arbeit darin, dem Chef zu gefallen oder ihre Existenzberechtigung zu demonstrieren. Das pyramidenhafte Prinzip lautet: Nur, wer etwas im Sinn des Chefs oder des Unternehmens leistet, hat die Berechtigung zu existieren, darf hier mitmachen. Die daraus entstehende Günstlingswirtschaft fördert politisches Taktieren, Kriechereien, Grabenkämpfe und führt letztlich dazu, dass Betroffene versuchen, ihre Kollegen dafür zu nutzen, selbst auf der Karriereleiter weiter nach oben zu kommen. Die zum Erfolg führenden Fragen innerhalb eines pyramidenhaften Systems lauten daher: Was habe ich davon, dass es die anderen gibt? Wie kann ich die anderen für meinen Weg zum Erfolg nutzen? Wie kann ich besser werden als die anderen? Wie kann ich meine Existenzberechtigung bewahren? Was will der Chef von mir hören? Leider basiert ein ganzes Führungs- und Überlebenssystem auf diesem menschenunwürdigen Bild der Pyramide: Schulen, Staaten, Unternehmen, Vereine, Kliniken, Universitäten, fast jede dieser Organisationen lebt derzeit noch aus diesem Bild heraus.

Auch in unserem Unternehmen hatte und hat das Bild der Pyramide zum Teil noch Auswirkungen auf unser tägliches Verhalten. Innerhalb unserer Emder Zentrale haben wir uns in der Vergangenheit immer wieder gefragt, wieso Teile dieser Zentrale aus Sicht einiger Mitarbeiter in den Hotels als bestimmend, manchmal als überheblich, ignorant, über die Köpfe hinweg entscheidend, theoretisch, vom »grünen Tisch« aus handelnd und unabgestimmt wahrgenommen werden. So sehr sich die Teams innerhalb der Zentrale in den letzten Jahren auch bemühten, dieses alte Bild loszuwerden, blitzte der alte Ruf als »Primus inter pares« in der Zusammenarbeit immer wieder auf. Und damit einher gingen die Blockaden in der Beziehung zueinander. Mittlerweile konnten wir dafür Erklärungen finden, die uns den Ursachen auf die Spur brachten. Eine davon war historisch bedingt: In den Anfängen unseres Unternehmens war die Struktur sehr klar als Pyramide gedacht. Die Zentrale stand mit ihren Abteilungsleitern über den Hotels, die Abteilungsleiter sagten den Hoteldirektoren, was getan wird. In meinen Anfängen habe ich es nicht anders gemacht und das System unterstützt. Einmal gab es die Situation, dass ich zehn Minuten zu spät in ein Meeting kam. Daraufhin fragte mich einer der Direktoren, wie sie damit umgehen sollten. Er bezog sich dabei auf meinen zum Teil sarkastischen Umgang mit Direktoren, die zu spät kommen. Ich antwortete damals schnippisch: »Wenn ich zu spät komme, dann ist das so!« Heute habe ich begriffen, dass Ironie und Sarkasmus nur Ausdruck einer persönlichen Überforderung sind.

Im Jahr 2006 ging es dann um größere Dinge. Aufgrund meiner damaligen fachlichen, aber auch methodischen Inkompetenz hatte ich mich im Jahr zuvor dazu entschieden, ein Managementsystem einzuführen, das mir dabei half, beide Defizite auszugleichen, weil es mir Strukturen und Informationen bot, die ich brauchte, um das Unternehmen besser zu steuern. Die Einführung dieses Systems war, dessen waren sich alle bewusst, mit großem Aufwand verbunden, insbesondere für die Mitarbeiter in den Hotels. In einem finalen Meeting, in dem es nun um die Einführung an sich, aber auch um die Fristen ging, teilten mir die Direktoren sehr deutlich ihre Bedenken mit. Darüber hinaus hielten sie mir vor, dass ich bei der Einführung des Systems mit zweierlei Maß messe, denn die Zentrale sei von den Vorgaben und Fristen ausgenommen. Ich erinnere mich noch sehr gut daran, wie wir in dieser Besprechung, die in dem schönen Fischdörfchen Greetsiel stattfand, saßen. Es war ein bisschen wie in einem Klassenzimmer: der Lehrer saß vorn und schaute auf die aufmuckenden Schüler. Ich war damals zweiunddreißig Jahre jung, hatte weder eine Ausbildung noch ein abgeschlossenes Studium und schon gar keine Erfahrung in der Unternehmensführung. Ich saß dort einfach kraft meines Familienstatus' als Sohn eines Unternehmers, der auf dem Weg war, das Sagen vererbt zu bekommen. Vor mir saßen die Direktoren, gestandene Persönlichkeiten, die zum Teil schon über Jahre operativ und mit großem Erfolg tätig waren. Ich kann mir nur vorstellen, was in dieser Situation in ihren Köpfen vorging, als Totenstille im Raum herrschte und sie auf meine finale Entscheidung warteten – wahrscheinlich etwas wie: »Was will dieser junge, unerfahrene Schnösel überhaupt?«

»Ich habe Sie verstanden, aber wir bleiben dabei. Die Einführung wird so durchgeführt, wie ich es geplant habe«, war meine Antwort. Die Atmosphäre, die sich anschließend in der Durchführung breitmachte, ist nur schwer in Worte zu fassen. Es war einfach nur unglaublich drückend. Und ich glaube, dieses Drückende, vielleicht sogar Erdrückende oder Unterdrückende ist es, das die Stimmung in einer pyramidenhaften Unternehmensstruktur beschreibt. Zudem glaube ich, dass sich Erlebnisse wie dieses in den Köpfen der Menschen einnisten und Auswirkungen auf die darauffolgende Zusammenarbeit haben. Da zahlen zum Teil die heutigen Mitarbeiter die Rechnungen, die in der Vergangenheit aufgemacht worden sind. Oder sie leben immer noch das, was ihnen vorgelebt wurde. In diesem Fall war ich das Vorbild, und ich hätte nicht pyramidenhafter agieren können.

Die zum Teil heute noch bestehenden Blockaden in der Zusammenarbeit zwischen den Hotels und der Zentrale haben ihren Ursprung also in dieser Zeit, als wir noch sehr hierarchisch und auf Basis von Abteilungen organisiert waren. Aus welcher Motivation heraus auch immer, versucht natürlich jede Abteilung auch heute noch einen guten Job zu machen. Um etwas voranzubringen, initiieren sie vielversprechende Projekte. In der Lohnabrechnung würden die Mitarbeiter zum Beispiel gerne eine neue Software einführen, damit die Personaleinsatzplanung revisionssicher für den Staat umgesetzt werden kann. Die Vertriebsabteilung möchte gerne eine Software einführen, damit sie die Anfragen für Hotelveranstaltungen besser überblicken und organisieren kann. Der Bereich des E-Commerce möchte ein zusätzliches Tool einführen, das den Umgang mit Hotelgutscheinen einfacher macht. Und schließlich die Steuerung, die mit der Einführung einer Software die Grundlagen dafür schaffen möchte, dass die Zahlen besser und schneller verdichtet werden können. Jeder für sich versucht, innerhalb seiner Abteilung das Beste zu leisten, sei es, um selbst besser und sicherer arbeiten zu können, sei es, um die Situation in den Hotels zu optimieren. Alle wollen nur das Beste, jeder für sich. Und genau das ist der Punkt: Jeder für sich! Es wird den Menschen in der Struktur einer Pyramide sehr leicht gemacht, nur auf ihren Schreibtisch zu schauen. Was dabei verloren geht, ist der Überblick, was all die einzelnen Impulse und Projektierungen für den einzelnen Direktor und sein Team im Hotel bedeuten. Treffen wir Entscheidungen zu unseren oder zu Gunsten der anderen? Eine wichtige Frage hierbei ist: Was bedeuten die Auswirkungen des Handelns aller Beteiligten für den Einzelnen?

Im Rahmen der Neueröffnung unseres Hotels auf Föhr sprach ich mit Hauke, dem verantwortlichen Direktor, um mit ihm zu klären, wie wir die Restarbeiten und Mängelbehebung innovativ organisieren könnten. Ich bat ihn, sich mit einem befreundeten Hotelkollegen aus Österreich, Florian Meyer, Inhaber des »Hotel Dachsteinkönig« in Gosau, auszutauschen. Immer wenn es um Qualität, Managementprozesse und professionelle Außenkommunikation geht, ist Florian mein erster Ansprechpartner. Ich wusste, dass er eine Software im Einsatz hat, die uns bei diesem Vorhaben ganz sicher gut unterstützen könnte. Tage später telefonierte ich wieder mit Hauke und fragte, was seine Meinung dazu sei. »Das ist eine richtig gute Software und sie würde uns auch bei der Organisation der Restarbeiten richtig nach vorne bringen, aber ich kann mir und unserem Team nicht noch mehr Projekte aufhalsen«, war seine Antwort. Das gab mir sehr zu denken und ich recherchierte die aktuell laufenden Projekte, die durch die unterschiedlichen Bereiche der Zentrale initiiert worden waren. Mir wurde klar, dass die Mitarbeiter in den Hotels einen Großteil ihrer Zeit damit verbringen, diese umzusetzen.

Jede einzelne unserer Abteilungen innerhalb der Zentrale versuchte, sich gut weiterzuentwickeln, um zu zeigen, dass sich etwas tut. Der Anspruch der einzelnen Bereiche, selbst besser und sicherer zu werden, effizienter zu arbeiten, gute Leistung zu erbringen, vielleicht auch manchmal einen leereren Schreibtisch zu haben, führte im Endeffekt dazu, dass andere innerhalb der Struktur des Unternehmens immer stärker belastet wurden. Die Folgen dieser Überlastung waren, dass Dinge einfach nicht mehr abgearbeitet werden konnten. In der Zentrale entstand der Eindruck, dass die Mitarbeiter der Hotels unzuverlässig sind, sich ohnehin nicht für das interessieren, was aus der Zentrale kommt, nur ihr eigenes Ding durchziehen wollen und sich deshalb nicht zurückmelden. Es fehlte die Abstimmung innerhalb beziehungsweise der einzelnen Abteilungen untereinander. Ohne sich dessen bewusst zu sein, war in den Köpfen der Menschen noch das historische Bild der Pyramide zementiert, in der so gut wie keine Kommunikation untereinander stattfindet.

Solange wir in unseren Köpfen kein alternatives Bild zur Pyramide entwickeln, können wir noch so intensiv und lange versuchen, uns als Dienstleister für die Hotels zu verstehen, es wird nicht funktionieren. Das Problem ist, wie schon erwähnt, dass dieses Verstehen etwas mit Verstand zu tun hat und dieser beeinflusst unser Verhalten eben nur zu fünf Prozent, der Rest funktioniert über das Unbewusste, das Unterbewusstsein. Für mich machte das noch einmal deutlich, wie verheerend die Konsequenzen für die Beteiligten in einem pyramidalen Konstrukt sein können. Die Pyramide, das Sinnbild der Leistungsgesellschaft, führt zu unerträglichem Druck, Frust, Trennung, Unterdrückung, Egoismus, Wut, Unsicherheit, Ohnmacht, Angst, Gleichgültigkeit und mit all diesen Konsequenzen ganz sicher in eine psychische und physische Krankheit. Für uns als Unternehmerfamilie, die sich bewusst dafür entschieden hat, den Sinn unserer Firma darin zu sehen, Menschen zu stärken und die Umwelt zu schonen, bedeutet das, der Leistungsgesellschaft und damit auch der Pyramide als Form einer Hierarchie eine deutliche Absage zu erteilen. Um jedoch auf Fragen wie: »Wer möchte etwas dazu beitragen, dass wir uns als Gemeinschaft und als Gesamtunternehmen gut weiterentwickeln können?« oder »Wie entstehen Entscheidungen, die von der Gemeinschaft getragen und ertragen werden können?« nicht nur mit Worten, sondern auch mit konkreten Maßnahmen und Verhaltensweisen reagieren zu können, braucht es ein anderes Bild für die Organisation als die Pyramide, das dann gemeinsam mit den Mitarbeitern erarbeitet und im Unternehmen kultiviert wird. Diese zwingend erforderliche Maßnahme hatte ich übergangen, als ich die Mitarbeiter darum bat, die klassischen Organigramme verschwinden zu lassen und sich stattdessen mit selbstführenden Teams zu beschäftigen.

Nun vollzieht sich der vor knapp zehn Jahren durch eine Krise in Gang gesetzte Wandel zwar zunehmend schneller, aber ich bin der festen Überzeugung, dass die bis dahin noch bestehenden inneren Bilder unserer Organisation zu vereinzelten Blockaden und kontraproduktivem Verhalten in diesem Prozess geführt haben.

Auch an dieser Stelle kann wiederum Benedikt eine Hilfe sein, denn er hatte schon vor 1500 Jahren ein anderes Bild vor Augen. Er lehnte die damaligen sozial-gesellschaftlichen Strukturen vollkommen ab, in seinem Orden gab es dieses Hochkommen und Festklammern nicht. Ihm schien bewusst gewesen zu sein, dass politisches Taktieren und Heuchelei, wie sie in einer Pyramide erforderlich sind, um nach oben zu kommen, zu gestörten Beziehungen innerhalb einer Gemeinschaft führen. Für ihn waren Freie und Sklaven gleich und begegneten sich deshalb auf Augenhöhe.

Die Rangordnung innerhalb einer Ordensgemeinschaft hat nichts mit Bildung, Vermögen oder sozialem Status zu tun, sondern es zählt allein der Zeitpunkt, zu dem jemand in die Gemeinschaft eintritt. Für die damalige und wohl auch heutige Welt war und ist das unbegreiflich. Natürlich unterschied Benedikt die Menschen innerhalb seiner Gemeinschaft. Aber die Unterscheidungskriterien lagen in der Persönlichkeit des Einzelnen begründet und nicht in der Anzahl an Titeln, Orden oder Abschlüssen. Jeder Mensch ist einzigartig.

Benedikt ging es mehr um die einzelnen Talente, Fähigkeiten und Eigenschaften. Und darum, die Menschen mit Aufgaben zu betrauen, die ihrer Persönlichkeit entsprechen. Das Bild, dass ein Pinguin versucht, einen Baum hochzuklettern, findet man bei Benedikt eher nicht. Da gibt es die einen Brüder, die ein kaufmännisches Geschick mitbringen und ganz wunderbar mit Zahlen umgehen können. Andere wiederum haben ein Gespür dafür, was Menschen und Gemeinschaften brauchen, um sich weiterentwickeln zu können. Dann gibt es die Kreativen, die im übertragenen Sinn Farbe ins Leben einer Gemeinschaft bringen, und wieder andere, die einen hervorragenden Gastgeber abgeben. Jeder Mensch trägt etwas in sich, was der gesamten Gemeinschaft nützt. Die Frage war für Benedikt nicht, ob einige aus der Gemeinschaft über andere gestellt werden sollten, sondern was die Grundlage dafür ist, dass der eine in diesen Fragen, der andere in jenen Fragen für Klarheit durch Entscheidungen sorgte.

In dem von uns gelebten und erlebten Wandel versuchen wir diesem Anspruch Benedikts ansatzweise gerecht zu werden. Die Voraussetzung dafür war, zunächst ein alternatives Bild für die Pyramide zu finden, das dem neuen Anspruch gerecht wird.

Wie beschrieben, gilt in der Pyramide das egoistische Prinzip: Was habe ich davon, dass es andere gibt? Wenn ich mich in dieser Haltung in ein Netzwerk hineinbegebe, bin ich schnell alleine. In einer Pyramide bin ich auch »einsame Spitze«, doch entgegen der Wirkungsweise in einem Netzwerk ist das hier sogar gewollt. Denn in einer Pyramide werden die Untergebenen angewiesen, für mich zu arbeiten. In einem Netzwerk ist das allerdings nicht möglich. Da gibt es keine – im wahrsten Sinne des Wortes – Vorgesetzten. In einem Netzwerk suchen die Menschen Kontakt zu jenen, die ihnen dabei helfen, ihre Aufgabe gut zu lösen, die für Klarheit sorgen, die ihnen Sicherheit schenken oder sie mit Gleichgesinnten in Verbindung bringen.

In der Pyramide ist Führung ein Privileg, im Netzwerk eine Dienstleistung. Die Pyramide dient dem System, das Netzwerk dem Menschen. In einer Netzwerkorganisation geht es darum, füreinander Dienste zu leisten. Deshalb lautet dort die erfolgsbringende Frage auch anders: Was haben die anderen davon, dass es mich gibt? Und nur der, der bereit dafür und dazu in der Lage ist, sich in den Dienst anderer zu stellen, ihnen Klarheit, Sicherheit und Unterstützung zu vermitteln, der wird – wie Benedikt sagt – einen hohen Rang erhalten. Die in einer Netzwerkorganisation zum Erfolg führenden

Verhaltensweisen entsprechen im höchsten Maß einer benediktinischen Spiritualität und Lebensgestaltung.

Wir können das an den sozialen Netzwerken beobachten. Wenn jemand anderen Menschen Informationen oder Kontakte zur Verfügung stellt, die für sie interessant sind oder ihnen dabei helfen, selbst erfolgreicher zu werden, suchen immer mehr Menschen den Kontakt zu diesem Menschen. Es entsteht ein großer Netzwerkknoten, der denjenigen, der anderen nutzt, zu einem Leuchtturm wachsen lässt, an dem sich die Menschen orientieren. Und genau um dieses Prinzip geht es im Kloster, geht es im New Work, geht es immer mehr bei uns.

Wir nutzen allerdings unterschiedliche Bilder. Manch einem Mitarbeiter hilft das Bild des Netzwerkes, um daran Prinzipien des Füreinander-Daseins zu erkennen. Ganz besonders greifbar wird das, wenn man sich, wie beschrieben, das Netzwerk wie die sozialen Netzwerke vorstellt. So werden aus den Untergebenen der Pyramide Nutzer in einem Netzwerk. Dieses Bild passt aber nicht für alle.

Der Organismus

Im Unternehmen haben wir uns deshalb für das Bild eines biologischen Organismus entschieden. Innerhalb eines solchen gibt es drei Hierarchieebenen, die aber nicht wie in unserem klassischen Bild nach oben und unten definiert sind, sondern unwillkürlich oder horizontal ausgerichtet sind. Da gibt es Zellen, die verbinden sich zu Organen, die Organe wiederum zu einem Organismus. Ziel der einzelnen »Teilnehmer« ist es, füreinander Dienste zu leisten, die im Ergebnis dazu führen, dass der Organismus in Bewegung kommt, zu leben beginnt. Zusammengehalten wird der aus Körper und Geist bestehende Organismus von einer Seele, der Unternehmensseele, die über die Kultur des Unternehmens ihren Ausdruck in der Öffentlichkeit erfährt. Im Kloster ist der Abt für die Seele zuständig, der Cellerar und die Dekane für die Zellen und Organe. Das eine ist Führung, das andere Management. Die Grundlage für alle Beteiligten bildet die Regel Benedikts.

Im Kapitel über den Abt wird deutlich, worauf es Benedikt dabei ankommt. Er wollte nicht, dass Führungskräfte über der Gemeinschaft stehen. Das benediktinische Führungsbild entspricht nicht dem eines machtbesessenen und mit Orden aufgeblasenen Generals oder König, sondern dem Christi: schlicht, bescheiden, mit sich und Gott verbunden. Im Mittelpunkt benediktinischer Führung stehen nicht irgendwelche Dinge, sondern die Entwicklung starker und glücklicher Menschen. Führung im benediktinischen Sinn meint, Menschen dazu aufzufordern, über sich hinauszuwachsen, sie so zu sehen, wie Gott sie gemeint hat und ihnen selbst eine Ahnung von der Größe zu geben, zu der sie berufen sind. Menschlichkeit im Einzelnen zu entdecken und zu wecken ist der alleinige Auftrag. Ausschließlich das sollte das Ziel und die Motivation des Abtes in seiner Führungsrolle sein. So weiß die Gemeinschaft, dass es nicht darum geht, dem Abt zu gefallen, sondern dass die Brüder noch mehr zu denjenigen werden, die sie tatsächlich sind. Der Abt möchte keine Kopien seiner Person, sondern Unikate. Für ihn sind Menschen keine austauschbaren Objekte, sondern einzigartige Wesen, Subjekte, die sich auf ganz unterschiedliche Weise entwickeln und bewegen. Benedikt möchte, dass der Einzelne seine Persönlichkeit noch mehr herausarbeitet und sein Leben dementsprechend gestaltet.

Der Abt ist somit Wegbegleiter zur Selbsterkenntnis und versucht die Menschen dabei nicht mit Gewalt zu irgendetwas zu bewegen. Benedikt will, dass der Abt die Gemeinschaft führt, aber nicht nötigt, und dass er Menschen dazu befähigt, persönliche

Entscheidungen zu treffen. Für ihn bedeutet führen nicht herrschen, sondern herausfordern, ermutigen, inspirieren und befähigen. Wesentlich ist dabei, dass er an das Gute im Menschen glaubt. Benedikt verlangt von der Gemeinschaft zwar Gehorsam, aber keine Knechtschaft. Er hat dabei den sogenannten koinobitischen Gehorsam im Sinn, der sich darin ausdrückt, dass gemeinsam Überlegungen angestellt werden mit Blick auf das Wohl aller, bevor über die Konsequenzen nachgedacht und Entscheidungen getroffen werden. Hier wird deutlich, dass nicht die Dinge und die Leistung im Zentrum benediktinischen Handelns stehen, sondern das Wohl des Einzelnen und der Gemeinschaft.

Eine Frage der Haltung – Gerechtigkeit und die gute Absicht

»Den einen liebe er nicht mehr als den anderen, es sei denn, er finde einen, der eifriger ist in guten Werken und im Gehorsam.« (RB 2,17)

»Nur dann unterscheiden wir uns in seinen Augen, wenn wir in guten Werken und in der Demut eifriger sind als andere.« (RB 2,21)

»Der Abt soll also alle in gleicher Weise lieben, ein und dieselbe Ordnung lasse er für alle gelten wie es jeder verdient.« (RB 2,22)

Wie wohl in vielen anderen Unternehmen auch, spielt Gerechtigkeit bei uns immer wieder eine bedeutende Rolle, ganz besonders dann, wenn sich dieser Wert auf Themen wie Status, Position und Anerkennung bezieht. Bei den langjährigen Erarbeitungen unseres Leitbildes für unser tägliches Miteinander haben wir uns deshalb gemeinschaftlich dafür entschieden, die Fairness als Synonym für

Gerechtigkeit mit aufzunehmen. Die zu diesem Wert beschriebene Auf- und Anforderung lautete: »Gleiche Regeln für alle!«

Im Winter 2018/2019 wurde ich über unser digitales Mitarbeiterfeedbackterminal mit zwei Kommentaren konfrontiert. Der erste Kommentar lautete: »Alle sind gleich, nur manche sind gleicher.« Der zweite: »Bodo verhält sich unfair zu seinen Mitarbeitern. Seine Lieblinge sind davon ausgeschlossen.«

Beim ersten Kommentar erinnerte ich mich an den Satz aus der Regel: »Der Abt soll also alle in gleicher Weise lieben, ein und dieselbe Ordnung lasse er für alle gelten wie es jeder verdient.« Auch wenn sich im Nachhinein herausstellte, dass der Grund für diesen Kommentar nicht die nicht eingehaltene »selbe Ordnung«, sondern neue Schreibtische für einzelne Mitarbeiter in unserer Zahlen- und Vertragswerkstatt waren, wurde deutlich, dass Gerechtigkeit und Gleichheit oft als ein und dasselbe betrachtet werden.

Wie bei allen Kommentaren nahm ich mir auch hier die Zeit, um meine Gedanken dazu schriftlich über unser digitales Netzwerk zu veröffentlichen. In meiner Unvollkommenheit unterstellte ich den Menschen mit einem vermeintlich neidhaften Gehabe nichts Gutes und zitierte Hermann Hesse, der sehr gut zu beschreiben wusste, dass der Ursprung allen Übels im Vergleich liegt. Ich unterstrich Hesses Erkenntnis mit der Ermutigung, regelmäßig eine Übung zu praktizieren, die ich für mich mit der Überschrift: »Dankbarkeit statt Vergleichbarkeit« versehen habe: Immer dann, wenn ich erkenne, dass ich mich mit jemandem vergleiche, versuche ich dazu überzugehen, mir stattdessen darüber Gedanken zu machen oder zu notieren, wofür ich dankbar bin. Mir persönlich hat diese Vorgehensweise schon sehr geholfen, und so habe ich es mir zur Gewohnheit gemacht, mir jeden Morgen drei, vier Dinge zu notieren, für die ich dankbar bin, selbst wenn es »nur« die morgendliche Sonne ist, die mir mit ihren ersten Sonnenstrahlen sanft und wärmend mein Gesicht streichelt. Unterstützt wurde meine Einladung, diese Verhaltensweise doch einmal oder mehrfach einzuüben, durch einen weiteren Kommentar einer Upstalsboomerin, die zwei sehr kluge Fragen stellte: »Geht es dir darum, was du brauchst? Oder geht es dir darum, was andere haben?«

Im Nachhinein stellte sich heraus, dass es dem Kommentator gar nicht so sehr darum ging, was er braucht, noch darum, was andere haben. Er wollte nur verstehen, warum so entschieden wurde, wie entschieden wurde. Es bestand keine Klarheit darüber, wie etwas geregelt ist. Und diese Unklarheit kann sich leicht, je nach persönlicher Verfassung, zu einem unguten Gefühl, vielleicht sogar zu Neid entwickeln.

Was haben wir daraus gelernt? Klarheit ist besser als Kopfkino! Wobei das Verlangen nach Klarheit auch ein Indiz für geringes Vertrauen sein kann. Denn Vertrauen kommt auch mit Ungereimtheiten zurecht. Klarheit aber gewinnen wir, indem wir uns gegenseitig Fragen stellen. Einen Kommentar als Frage zu formulieren, ist eine wunderbare Möglichkeit, dort eine Entwicklung anzustoßen, wo sie erforderlich erscheint. Das ist immer der Fall, wenn ich mich nicht wohlfühle.

Beim zweiten Kommentar ging es weniger um Schreibtische, sondern vielmehr um das Gefühl der Anerkennung oder des Gesehenwerdens. Offensichtlich hatten manche Mitarbeiter das Gefühl, dass ich ganz besonders denen meine Aufmerksamkeit schenke, die aktiv und erkennbar versuchten, meinen oder unseren Werten gerecht zu werden. Bekräftigt wurde diese Wahrnehmung, als mir ein Mitarbeiter während eines Spaziergangs zu vermitteln versuchte, dass manche Kollegen sich wohl nur anpassen, ganz besonders auf sich aufmerksam machen oder mir nach dem Mund reden, um selbst gut dazustehen. Benedikt bezieht sich im zweiten Kapitel auch auf diese Thematik. Dort heißt es: »Den einen liebe er nicht mehr als den anderen, es sei denn, er finde einen, der eifriger ist in guten Werken und im Gehorsam« und »Nur dann unterscheiden wir uns in seinen Augen, wenn wir in guten Werken und in der Demut eifriger sind als andere«.

Während des Mitarbeitergesprächs versuchte ich nun meine Gedanken zu diesem Sachverhalt zu vermitteln. Ich erklärte, dass es mir nicht primär um die guten Werke oder die dem Ideal gerecht werdenden Gewohnheiten geht, sondern vielmehr um die Absicht, die Motivation, die hinter diesem Verhalten steht. Wenn also jemand mir nach dem Mund spricht oder versucht, sich den Unternehmensidealen entsprechend zu verhalten, um daraus einen persönlichen Vorteil zu ziehen, empfinde ich das der Gemeinschaft gegenüber als unehrlich. Das entspräche meinem Empfinden nach einem egozentrischen Ansatz, in dem man sich und andere nur dazu einsetzt, sich in diesem Moment wohler zu fühlen, um persönlich besser dazustehen oder seine Position in Sinn von Karriere und Aufstieg innerhalb einer Hierarchie zu verbessern. Im Endeffekt würden dann trotz guter Werke Missgunst und Streit entstehen.

Der entscheidende Unterschied zwischen dem Handeln innerhalb einer Pyramide und einem Netzwerk ist die Absicht, mit der ich etwas tue. Im Wandlungsprozess von der Pyramide zum Netzwerk oder zum Organismus habe ich es über einen längeren Zeitraum mit beiden Bildern zu tun, obwohl die Motivationen oder Absichten der Beteiligten in diesen Systemen nicht unterschiedlicher sein könnten. In dem einen System führt die Strategie, sich selbst am nächsten zu sein, zumindest vorübergehend zum Erfolg im Sinn von Geld, Macht und Anerkennung. In dem anderen lautet die Erfolgsstrategie: »Liebe deinen Nächsten wie dich selbst.« Der Wandel von der Pyramide zum Netzwerk erfolgt nicht von heute auf morgen. So darf ich zum Beispiel nicht erwarten, dass sich ein Mensch, der von der Schule an von einem pyramidalen Hierarchiesystem geprägt worden ist, in dem es um Normierung und Leistung geht, von heute auf morgen um hundertachtzig Grad dreht. Deshalb ist es für mich in unserem Wandlungsprozess wichtig zu erkennen und zu verstehen, aus welcher Absicht heraus jemand handelt. Im Umgang mit mir selbst und mit den anderen ist es immer wieder wichtig zu fragen: Welche Absicht liegt hinter einem Verhalten, einer an mich herangetragenen Bitte oder einer getroffenen Entscheidung? Entspringt die Absicht dem Bild der Pyramide oder dem des Netzwerkes? Will ich mich selbst oder meine Abteilung stärken, ist die Basis die Pyramide. Wenn ich andere stärken will, ist die Basis der Organismus oder das Netzwerk.

Miteinander sprechen anstatt übereinander zu reden

»Die Wahrheit Herz und Mund bekennen.« (RB 4,28)

Ich kann auch noch weiter gehen und fragen, was hinter der Absicht, mit der ich etwas sage oder tue, steht. Ist es vielleicht das verletzte Kind, das die Schuld für die sich ständig streitenden Eltern bei sich gesehen hat? Dann kann hinter der Absicht, etwas nicht offen ansprechen zu wollen, ein überzogenes Bedürfnis nach Harmonie stehen.

Ich werde immer sehr hellhörig, wenn jemand in seinem Verhalten oder dem, was er sagt, die Harmonie extrem in den Vordergrund stellt, denn ich habe häufig erlebt, dass gerade das der Grund für schlechte Stimmung in einem Team ist. Hinter dieser Sucht nach

Harmonie steht häufig die unbewusste Angst vor der Konfrontation, davor, nicht mehr geliebt, nicht anerkannt zu werden, wenn ich tatsächlich meine Meinung sage, weshalb ich anderen immer nach dem Mund rede. Wenn ich nur das tue, was andere wollen, und immer diese bittere Pille schlucke, damit der Friede bestehen bleibt, dann werde ich irgendwann alles wieder ausspucken. Das ist unangenehm, und zwar nicht erst in dem Moment, wenn es aus mir herausplatzt, weil der berühmte Tropfen das Fass zum Überlaufen gebracht hat, sondern schon vorher. Wenn ich um jeden Preis Harmonie aufrechterhalten will, um nicht anzuecken, um nicht das Gefühl zu haben, nicht mehr anerkannt, gebraucht und geliebt zu werden, ist das tödlich für eine Gemeinschaft. Ich fresse den Frust in mich hinein und werde bitter, was sich wie ein Schatten auf die ganze Gemeinschaft legt, selbst wenn ich nach außen zu allen freundlich bin. Manchmal drückt sich diese Bitterkeit in Ironie oder Sarkasmus aus. Ich weiß dann genau: Da geht es gar nicht um die Harmonie an sich, sondern nur darum, eine Situation zu vermeiden, in der der andere wieder einmal Abneigung erfährt, weil er unangenehme Dinge anspricht.

Ich glaube, dass das ein häufiger Grund dafür ist, weshalb Menschen in einem Unternehmen kein offenes Feedback geben oder vor dem Chef gut dastehen wollen. Manche sehen in ihren Vorgesetzten unbewusst ihren Vater oder fühlen sich vielleicht aufgrund frühkindlicher Verletzungen unsicher in der Verbindung zu anderen Menschen. In vielen Familien, Schulen und Unternehmen galt das Prinzip: Liebe für Leistung, Anpassung und gutes Benehmen. Damit sind wir aufgewachsen. Häufig stellt sich in unseren Curricula heraus, dass einige Mitarbeiter die Erfahrung gemacht haben, als Kinder bei schlechtem Benehmen zumindest vorübergehend abgelehnt worden zu sein oder Liebesentzug erfahren zu haben. Zur Liebe gehört Verbundenheit, ein Grundbedürfnis des Menschen. Wenn ich jedoch gelernt habe, nur dazuzugehören, wenn ich viel leiste und mich anpasse, werde ich immer wieder versuchen, meine Unsicherheit in der Verbindung zu anderen Menschen durch Leistung oder Anpassung zu überwinden. So entstehen pflichterfüllende Ja-Sager, die aus Angst davor, nicht mehr dazuzugehören, nicht mehr mitmachen zu dürfen, ihre Identität verleugnen. Wenn das der Fall ist, dann nützen auch die besten Feedbackschulungen nichts.

Häufig führt das dazu, dass diese Menschen ihre Aggressionen und Unzufriedenheiten hinter dem Rücken des Chefs und der übrigen Mitarbeiter ausleben. Dann beginnt in der Kaffeeküche oder hinter verschlossener Tür der korrosive Flurfunk. Manche beschreiben die Ursache für solch ein häufig unbewusstes, aber dennoch destruktives Verhalten als passiv-aggressive Persönlichkeitsstörung. Wenn das der Wahrheit entspricht, dann würde ich es durchaus als eine Krankheit beschreiben, deren Trigger, vielleicht aber auch Ursachen wie beim Burnout im leistungs- und anpassungsgetriebenen System der Pyramide zu finden sind.

Als Führungsverantwortlicher besteht eine meiner Aufgaben darin, den Einzelnen innerhalb der Gemeinschaft zu stärken, dafür zu sorgen, dass wir gemeinsam in eine Richtung gehen. Im besten Fall gelingt es mir auch, dass der Einzelne abends aufrechter nach Hause geht, als er morgens gekommen ist. Daher versuche ich zu verstehen, mit welcher Absicht etwas geschieht. Verstehen bedeutet jedoch nicht bewerten oder verurteilen. Das steht mir nicht zu. Ich frage aber: Steht eine egozentrische Absicht dahinter oder nährt sich das Handeln aus der Quelle der inneren Überzeugung, dass das, wofür wir uns als Unternehmen, als Gemeinschaft einsetzen, wirklich sinnvoll ist? Im ersten Fall nutzen Mitarbeiter Freiheiten und andere Möglichkeiten im Unternehmen, um sich selbst zu stärken oder komfortabler einzurichten. Ich unterstelle ihnen keine böse Absicht, denn ihre Verhaltensmuster können wie gesagt durch Verletzungen während der Kindheit oder aber durch das hierarchische System geprägt worden sein, in dem nach wie vor das Prinzip »Survival of the fittest« zu gelten scheint.

Wenn aber das Handeln eines Mitarbeiters durch die Absicht geprägt ist, die Gemeinschaft zu stärken, dann spreche ich tatsächlich von einem meiner Lieblinge und stehe zu einhundert Prozent hinter Benedikts Aussagen im zweiten Kapitel. Die Regel ist als Anleitung geschrieben worden, damit Gemeinschaft gelingen kann. Es geht um die Unterscheidung zwischen Schein und Sein, Glänzen und Leuchten, Sollen und Wollen, Berechnung im eigenen Interesse und ehrlichem Einsatz für andere. Die einen sind meine Lieblinge, den anderen biete ich meine Unterstützung an.

Dieses Thema kann man meinem Empfinden nach auch auf den Begriff New Work anwenden, der zum Teil inflationär und für beinahe alles benutzt wird. Aber nur weil ich mich mit diesem »Mäntelchen« umgebe oder eher kostümiere, um hip zu sein, heißt das noch lange nicht, dass ich es auch lebe oder dass ich verstanden habe, worum es Fridjof Bergmann wirklich ging.

Wenn also jemand zu mir kommt und etwas von mir fordert oder erbittet, dann versuche ich immer herauszufinden, mit welcher Absicht er es tut. Dient diese oder jene Fortbildung nur dazu, dass er sich unentbehrlicher macht oder tatsächlich dazu, dass er seine Aufgaben besser lösen kann – oder sogar dazu, die Gemeinschaft zu stärken? Kommt er zu mir, um nur für sich zu sprechen, seine Position zu stärken, oder doch, um etwas zu gewinnen, was der Stärkung der Gemeinschaft dient?

Beteiligung und Entscheidung

»Sooft etwas Wichtiges im Kloster zu behandeln ist, soll der Abt die ganze Gemeinschaft zusammenrufen und selbst darlegen, worum es geht.« (RB 3,1)

»Er soll den Rat der Brüder anhören und dann mit sich selbst zu Rate gehen. Was er für zuträglicher hält, das tue er. Entscheidung liegt im Ermessen des Abtes.« (RB 3,2)

»Dass aber alle zur Beratung zu rufen seien, haben wir deshalb gesagt, weil der Herr oft einem Jüngeren offenbart, was das Bessere ist.« (RB 3,3)

»Tu alles mit Rat, dann brauchst du nach der Tat nichts zu bereuen.« (RB 3,13)

Im dritten Kapitel beschreibt Benedikt, wie Entscheidungen im Kloster getroffen werden. Die Aussage, die den Entscheidungsprozess innerhalb eines Klosters zusammenfasst, lautet: »Tue alles mit Rat, dann brauchst du nach der Tat nichts zu bereuen.«

Für die Entwicklung von Upstalsboom hatte und hat der tägliche Versuch, diesen Satz umzusetzen, eine elementare Bedeutung. Ohne seine praktische Berücksichtigung hätte zum Beispiel unsere Kultur nur einen Bruchteil ihrer Kraft entwickeln können. Benedikts Aufforderung schenkt den Menschen die Möglichkeit, sich als Ganzes einzubringen und damit eine Entwicklung aktiv mitzugestalten.

Mit dieser Regel macht Benedikt aus Betroffenen Beteiligte, und für uns ist sie damit zu einer der tragenden Säulen bei dem Gedanken »Wertschöpfung durch Wertschätzung« geworden. Die Beteiligung an einer Entwicklung ist eine wichtige Voraussetzung dafür, dass die Menschen mit dem, worum es geht, in Beziehung kommen, dass sie sich mit dem, was sie tun, verbunden fühlen. Wenn ich das, was mir wichtig ist oder meiner Würde entspricht, als Teil einer Entwicklung mit in die Gemeinschaft bringen darf, setze ich mich auch gerne dafür ein, dann komme ich in Bewegung. Ich glaube, dass die Beteiligung der Menschen in unserem Unternehmen der entscheidende Schritt in eine gute und vor allem nachhaltige Entwicklung war, wobei wir die Umsetzung des dritten Kapitels der Regel sehr weit und tief gefasst haben: Sie half uns bei der Erarbeitung eines Unternehmensleitbildes, das nicht wie in der klassischen Unternehmenswelt vielerorts üblich in der Schublade eines Schreibtisches verschwindet, sondern dem sich die Menschen im Unternehmen tief verbunden fühlen.

Nachdem ich 2011 im Kloster meinem Selbst ein kleines Stück nähergekommen bin und mir dabei bewusst wurde, dass jeder weitere Schritt in diese Richtung ein kleines bisschen mehr Freiheit bedeutet, entwickelte sich in mir die Sehnsucht, meine Mitarbeiter an dieser Erfahrung teilhaben zu lassen. Mit den im Kloster gewonnenen Erkenntnissen und Erfahrungen sowie dem Wissen aus der Philosophie, positiver Psychologie und der Neurobiologie versuchte ich ein Curriculum zu entwickeln, das die Menschen dabei unterstützt, sich selbst ein Stückchen näher zu kommen. Zusätzlich inspiriert durch die Aussage »Nur wer sich selbst führen kann, der kann auch andere führen«, wollte ich versuchen, die Menschen im Unternehmen für die Arbeit an sich selbst zu begeistern. Ziel dieser Arbeit war meiner Vorstellung nach, dass möglichst viele sich ihres inneren Kompasses bewusst werden, sie sich eine Art persönliches Leitbild erarbeiten, das ihnen als Maßstab oder Schiedsrichter für ihre täglichen Entscheidungen dient.

Es war eine junge Mitarbeiterin, die mich irgendwann darauf aufmerksam machte, dass die im Curriculum erarbeiteten Werte der

Mitarbeiter nicht viel mit dem von unserer Familie 2004 erarbeiteten Unternehmensleitbild zu tun hatten. Uns wurde schnell klar, dass das auch kaum möglich war, denn wir hatten die Mitarbeiter damals nicht gefragt, was ihnen wichtig ist. Nun fragte mich also diese junge Frau von der Rezeption eines unserer Hotels, ob wir auch die Werte der Mitarbeiter im Unternehmensleitbild berücksichtigen könnten. Auch die übrigen Mitarbeiter waren ihrer Ansicht und so fassten wir die zwölf wichtigsten Werte der Mitarbeiter in unserem Unternehmensleitbild, dem Upstalsboom-Wertebaum, zusammen. Seiher ist die Beteiligung aller bei uns zu einem wesentlichen Erfolgsfaktor der Unternehmensentwicklung geworden.

Spannend ist, dass sich in dieser Entwicklung weitere Sätze aus der Regel Benedikts spiegeln: »Dass aber alle zur Beratung zu rufen seien, haben wir deshalb gesagt, weil der Herr oft einem Jüngeren offenbart, was das Bessere ist« – bei uns war es eine sehr junge Mitarbeiterin, die den entscheidenden Hinweis für die Integration der persönlichen Werte unserer Mitarbeiter in das Unternehmensleitbild gab. Angesichts dieser positiven Erfahrung ist die Integration aller Mitarbeiter, vom Auszubildenden bis zur Führungskraft, seither fester Bestandteil unserer Unternehmensentwicklung. Uns zeigt diese Erfahrung wieder einmal, dass die alte Regel aktueller denn je ist.

Fragen stellen statt Antworten geben

Was ich bei einem der ersten Klosteraufenthalte gelernt habe, war die Einsicht: Wer fragt, führt. Für mich klang dieser Satz zunächst einmal sehr ungewohnt. Als Führungskraft war ich es gewohnt, die Antworten zu geben, und zwar immer die richtigen. Im Kloster ging es nun darum, Fragen zu stellen statt Antworten zu geben. Aber wozu sollte das gut sein? Bis zur Befragung hatte ich meine Entscheidungen über die Köpfe der Mitarbeiter hinweg getroffen. Sie konnten, durften oder mussten die Dinge erledigen, die ich, die Zentrale oder aber die anderen Führungskräfte für richtig oder falsch hielten. Die Folge war, dass viele Menschen bei uns im Unternehmen ihre Pflicht erfüllten, und das auch nur dann, wenn ihnen jemand im Nacken saß, der aufpasste. Es hatte damals den Anschein, dass die Menschen bei der Ausführung der Gedanken anderer geringen Antrieb verspürten und darüber hinaus überhaupt keine Motivation hatten, selbst Verantwortung zu übernehmen. Im Kloster verstand ich, dass nur wenige Menschen gerne das ausführen, was andere vorgedacht haben. Es fehlt die persönliche Beziehung zu dem, worum es geht. Vor dem Handeln steht das Dürfen, das Können, aber vor allem das Wollen. Erst, wenn ich etwas wirklich will, beginne ich zu handeln und darüber hinaus auch die Verantwortung für das zu übernehmen, was ich gerade tue.

Aber wann wollen Menschen etwas wirklich? Ich glaube, der Wille, etwas zu tun, entsteht, wenn ich zu dem, was ich tue, einen guten Bezug habe und ich es darüber hinaus für sinnvoll erachte. Wenn ich aber die Menschen im Unternehmen bei meinen Entscheidungen nicht mit einbeziehe, alles von meinem Tisch oder der Firmenzentrale aus entscheide, fallen die wichtigsten Voraussetzungen dafür weg, dass die Betroffenen zu den Ergebnissen, Ideen oder Entscheidungen überhaupt eine Beziehung haben. Zudem ist die Wahrscheinlichkeit, dass sie das, was dort entstanden ist, als sinnvoll erachten, ziemlich gering. Weil sie bei der Entscheidung nicht mit einbezogen wurden, weil sie das, worum es in Zukunft gehen sollte, nicht mitgestalten durften, hatten sie überhaupt keinen Bezug zu dem Ergebnis. Ich habe die Erfahrung gemacht, dass es dabei nicht nur um gelingende Beziehungen zu den Menschen geht, sondern um eine gute Beziehung zu allem. Die Voraussetzung dafür ist, dass ich mich als Teil des Ergebnisses fühle. Verbundenheit ist ein menschliches Grundbedürfnis und sie entsteht, wenn man mitgestalten, sich an einer Entwicklung beteiligen kann.

Die Gruppe ist in der Regel klüger als der Einzelne, und mit der gemeinsam gewonnenen Antwort auf eine Frage oder Aufgabenstellung ist die Gruppe auch eher dazu bereit, aktiv zu werden und Verantwortung zu übernehmen. Die aufrichtige, kluge und sinnvolle Frage ist für mich das Führungsinstrument schlechthin. Klarheit und Verständnis erreichen wir über Informationen, Bewusstsein und Bewegung durch das Fragen. Die wohl wichtigste Fähigkeit oder Eigenschaft, sich selbst und andere zu führen, ist die Fähigkeit, gute Fragen zu stellen.

Aus dem zweiten Kapitel der Benediktsregel geht aber auch hervor, dass einer und nicht die Gemeinschaft die Entscheidung trifft. In der Regel hat zunächst der Abt die Autorität, Entscheidungen zu treffen, aber eben nicht, ohne die Weisheit der Gemeinschaft dabei zu würdigen.

Ohne Führung keine Gemeinschaft

Im Jahr 2015 habe ich einigen Mitarbeitern unseres Unternehmens das Buch »Reinventing Organizations« von Frederic Laloux überreicht. Hier beschreibt der Autor unter anderem den Weg von der modernen und leistungsorientierten zu einer integralen Organisation, bestehend aus selbstbestimmenden Teams. Meine Motivation, den Upstalsboomern dieses Buch zu übergeben, war, ihnen Alternativen zu den zum Teil auch bei uns damals noch gelebten, klassisch-autoritären und willkürlichen Führungsstrukturen aufzuzeigen. Ich war damals der festen Überzeugung, dass die Menschen in unserem Unternehmen angesichts dieser bahnbrechenden Literatur »Hurra« schreien würden. Aber offensichtlich hatte ich unbewusst die Message transportiert, dass wir keine Führung mehr brauchen, sondern fortan in selbstbestimmten Teams die Entwicklung des Unternehmens voranbringen. Die Folge meines unbedachten Impulses waren Verunsicherungen und Ängste. »Wir brauchen keine Führung mehr? Wir sollen uns in selbstbestimmten Teams zusammenfinden? Und was ist dann mit uns Führungskräften? Und was ist dann mit uns Mitarbeitern?« – das waren nur einige der Fragen, die aus den Reihen der Mitarbeiter kamen. Tatsächlich blieb von den Inhalten des Buches genau ein Satz in den Köpfen der Mitarbeiter hängen: »Wir entscheiden gemeinsam!« Das Bild, das ich in den Köpfen der Menschen erzeugt hatte, war das von Basisdemokratie.

Für die Stimmung und die Entwicklung hatten dieser Satz und dieses Bild in manchen Teams verheerende Folgen. Ganz besonders in jenen, die sich in bester Absicht auf die Umsetzung konzentrierten. Denn »Wir entscheiden gemeinsam« bedeutete für sie, dass über jede Entscheidung abgestimmt wurde. Und solange keine klare Mehrheit bestand oder im schlechtesten Fall sogar Konsens erreicht werden sollte, wurden keine Entscheidungen mehr getroffen. Wenn aber keine Entscheidungen mehr getroffen werden, entsteht eine Atmosphäre des Stillstandes und der Aggressivität. Wenn dann doch gemeinsam eine Entscheidung getroffen wurde, fühlte sich keiner der Beteiligten für die Umsetzung noch für deren Folgen verantwortlich. Das Handeln des Einzelnen verschwand unter dem Deckmantel der Gemeinschaft. Wenn es nicht so lief, wie es sich die Teammitglieder vorgestellt hatten, ging es vor allem darum, sich gegenseitig die Schuld dafür zu geben. Für mich war das eine eindrückliche Erfahrung, die mich an eine Aussage von Anselm

Grün erinnerte und damit auf die Regel Benedikts zurückgeführt hat: »Ohne Führung keine Gemeinschaft!«

Führung bedeutet auch, dass einer konkrete Entscheidungen trifft. Das muss nicht immer eine Führungskraft sein, wir haben zum Beispiel auch Bereiche im Unternehmen, die ohne eine solche sehr gut funktionieren, aber auch dort haben sich die Mitarbeiter im Team konkrete Rollen und Themenbereiche, in denen sie entscheiden, zugesprochen. Es geht darum, in einer Angelegenheit, bei einer Thematik, einem Projekt oder einer Aufgabe jemanden zu identifizieren, der eine finale Entscheidung trifft, damit Verantwortung trägt und dem Team den Rücken stärkt. Keine Entscheidung – keine Entwicklung.

Wer auch immer es ist, es muss festgelegt werden, wer in einer Sache entscheidet. Zu beachten ist, was die Grundlagen der Entscheidung sind. Trifft er sie im stillen Kämmerlein, ohne andere mit einzubeziehen? Oder befragt er alle Beteiligten oder Betroffenen, wie ihre Sicht der Dinge ist, um unter Würdigung ihres Rates eine für die Gemeinschaft kluge Entscheidungen zu treffen? Je wichtiger eine Entscheidung ist, desto mehr Menschen werden zu Rate gezogen. Von entscheidender Bedeutung ist dabei die Weisheit, die aus jahrelanger Erfahrung in einer Gemeinschaft entstanden ist. Führungskräfte kommen und gehen, die Gemeinschaft hat Bestand, und so werden die Erfahrung und das Wissen in ihr bewahrt. Für mich beschreibt Benedikt mit diesen Sätzen seiner Regel schon die ersten Schritte in Richtung einer holokratischen Organisation. Auch wenn das Kloster formal hierarchisch strukturiert ist – die gelebte Praxis ist partizipativ.

Entscheidungen treffen

Aber wie sieht das nun in der Umsetzung beziehungsweise Organisation in anderen Kontexten konkret aus? Innerhalb einer Abteilung beziehungsweise eines Bereiches wird klar geregelt, wer zu welchen Fragestellungen – geht es um Liquidität, geht es um Teamentwicklung oder um Buchhaltung? – Entscheidungen trifft. Das können durchaus unterschiedliche Menschen sein. Wichtig ist, dass sie die Kompetenz zugesprochen bekommen, in dieser Sache zu entscheiden. Im konkreten Fall wird dieser Mensch alle Beteiligten um Rat fragen, um anschließend auf Basis dieser Rückmeldungen eine Entscheidung zu treffen.

Geht es nun um Entscheidungen, die über eine Abteilung hinausgehen, also das Zusammenspiel aller Abteilungen betreffen, dann läuft es ähnlich. Die Idee oder das Problem wird innerhalb der gesamten Gemeinschaft kommuniziert, vorgestellt und besprochen. Grundsätzlich gilt: Schweigen signalisiert Zustimmung. Wenn alle Rückmeldungen eingegangen sind, hat die Führung die Aufgabe, die Entscheidung zu treffen. Wenn sie sich nicht sicher ist, befragt sie noch einmal die Gemeinschaft, indem sie um ein Gespräch beziehungsweise zur Diskussion bittet. Erst dann trifft sie eine Entscheidung.

Auch hier ein Beispiel: Wenn in der Zentrale in Emden aus unserer Zahlen- und Vertragswerkstatt die Idee kommt, die Abrechnung der Reisekosten zu modifizieren, dann ist das eine Angelegenheit, die alle Reisenden betrifft. Ich nehme die Idee als Entscheidungsgrundlage entgegen und kommuniziere sie über unser Intranet mit der Bitte, mir innerhalb von zwei Wochen eine Rückmeldung dazu zu geben. Erst dann treffe ich eine Entscheidung in dieser Angelegenheit.

Eine Voraussetzung für gelebte Führung ist es, Entscheidungen zu treffen. Wer keine Entscheidungen trifft, der führt nicht, weder sich noch andere. Also ist eine wichtige Aufgabe der Führungskraft, Klarheit zu schaffen, sodass Entscheidungen getroffen werden können. Das ist ein hoher Anspruch, denn wenn es Alternativen gibt und ich die Aufgabe habe, mich für eine zu entscheiden, muss ich auf die Alternativen verzichten. Das heißt also, eine der wichtigsten Voraussetzungen dafür, dass ich überhaupt Entscheidungen treffen kann, ist die Fähigkeit, auf etwas verzichten zu können. Wer nicht verzichten kann, kann nicht entscheiden. Und wer nicht entscheiden kann, kann nicht führen.

Im ersten Satz des dritten Kapitels fordert Benedikt den Abt dazu auf, bei besonders wichtigen Entscheidungen bestenfalls die ganze Gemeinschaft einzuladen. Dazu gehört, wenn zum Beispiel der gute Ruf oder die wirtschaftlichen Interessen des Klosters auf dem Spiel stehen. Das heißt: Je wichtiger die Entscheidung ist, die es zu treffen gilt, desto mehr Menschen werden daran beteiligt. Auch dieser Satz ist für uns im unternehmerischen Alltag sehr wichtig. Zweimal im Jahr kommen über 150 Upstalsboomer in der sogenannten Entwicklungswerkstatt zusammen, um sich mit den wesentlichen Themen und Fragen unseres Unternehmens zu befassen. Bei unserem letzten Treffen ging es um die gemeinsame Gestaltung unserer Stiftungssatzung und um die weiterführende Weichenstellung für unser gemeinsames Lohnsystem der Zukunft.

Bei der Art und Weise, wie Entscheidungen getroffen werden, steht also im Mittelpunkt, wie sehr sich die Menschen mit dem, was geschieht, verbunden fühlen. Bin ich beteiligt an der Entscheidung, bin ich beteiligt an dem Ergebnis, setze ich mich dafür ein, dass es Wirklichkeit wird. Ich stehe hinter der Sache und damit stärke ich sie.

Wie schon erwähnt, heißt es in der Regel Benedikts auch, dass alle zur Entscheidung zu berufen sind, weil »der Herr oft einem Jüngeren offenbart, was das Beste ist«. Der Jüngere im Kloster ist nicht unbedingt der Jüngste im Kloster, sondern wer zuletzt ins Kloster eingetreten ist – übertragen auf uns: ein neuer Mitarbeiter. Auch diesem Satz widmen wir besondere Aufmerksamkeit. Nicht nur bei Entscheidungen, sondern grundsätzlich. Bei allen Aufgaben, in Workshops und Peergroups finden sich immer ganz unterschiedliche Mitarbeiter zusammen: vom Auszubildenden bis zur Führungskraft, vom Haustechniker bis zur Wellnessmitarbeiterin, von der Bürokraft bis zum Außendienst – alle sind mit dabei. Wir haben damit positive Erfahrungen gemacht. Denn wenn ich beispielsweise einen Auszubildenden an der Entwicklung eines Lohnsystems beteilige, wird er die Ergebnisse gegenüber seinen Kollegen in der Ausbildung vertreten, aber vor allem auch in eine Sprache übersetzen, die seinesgleichen gut verstehen können. Und nicht selten ist das Vertrauen der Auszubildenden untereinander stärker ausgeprägt als zwischen einem Geschäftsführer und einem Auszubildenden. Durch diesen Satz in der Regel Benedikts fühlen wir uns dazu aufgefordert, hierarchiefrei, das heißt frei von Positionen und Funktionen, miteinander zu arbeiten. Menschen, die sich für etwas interessieren, können sich ohne Barrieren einbringen.

Christus im Bruder begegnen

»Allen Gästen begegne man bei der Begrüßung und beim Abschied in tiefer Demut: man verneige sich, werfe sich ganz zu Boden und verehre so in ihnen Christus, der in Wahrheit aufgenommen wird.« (RB 7,6–7)

Weil sich in unserer Branche beinahe alles um den Gast dreht, trifft dieser Satz aus der Benediktsregel in besonderer Weise auf uns zu – und er betrifft uns in besonderer Weise. Und dann kann »Christus im Bruder zu begegnen« zum Beispiel zu der Erkenntnis führen, dass ich mich aus ganz anderen Gründen über einen Mitmenschen ärgere, als ich das bei mir selbst wahrnehme. Was es dafür braucht, ist das Bewusstsein, dass das, was ich in Gegenwart eines anderen Menschen denke oder fühle, mehr über mich als über den anderen aussagt. Christus im Bruder zu begegnen heißt dann, dass meine Gedanken und Gefühle über den anderen viel mehr über mich selbst berichten. Was ist das in mir, das ich in diesen Menschen projiziere? Jeder, der mir begegnet, ist für mich bestimmt. Jede Begegnung ist ein Geschenk und eine Chance, mein wahres Ich freizulegen. Wenn ich zum Beispiel einen Gast als anstrengend empfinde, dann kann die Ursache dafür sein, dass ich selbst gestresst bin. Meine Gefühle, meine Gedanken und die Art und Weise, wie ich auf einen Gast reagiere, sagen mehr über mich als über den Gast aus.

Ein Beispiel: Während unserer jährlich widerkehrenden Klostertage, die wir mit einer Handvoll Mitarbeiter in Münsterschwarzach verbringen, haben wir die These »Jeder Mensch, der mir begegnet, ist mein Lehrmeister« einmal konkret durchgespielt. Eine Mitarbeiterin der Rezeption hatte einen Gast vor Augen, der ihr immer wieder aufgrund seines überkritischen, aufbrausenden, ja geradezu herablassenden Tons die Arbeit zur Hölle machte. Jedes Mal, wenn ihr dieser Mensch begegnete, fühlte sie sich wie ein kleines Mädchen, das irgendetwas ausgefressen hat und nun vom »Vater« zurechtgewiesen wird. Wir überlegten, mit welcher inneren Haltung, mit welchem inneren Bild sie einem solchen Menschen bewusst begegnen könnte. Worin lag der Sinn des Augenblicks? Wir kamen schließlich auf die Idee, dass sie in diesem Gast einen Lehrer sehen kann, mit dem sie sich in einer Art Prüfungssituation befindet: Er möchte überprüfen, wie sehr sie ihm »auf dem Leim geht«, ob sie sich beunruhigen und verunsichern lässt oder ob sie dazu in der Lage ist, etwas zu tun, damit beide gestärkt aus dieser Situation hervorgehen. Der Gedanke, der aus den Überlegungen in ihr während einer solchen Situation entstand, war: »Du wirst nun alles daransetzen, mich aus der Fassung zu bringen, aber ich werde diese Prüfung bestehen und vollkommen gelassen, herzlich und offen bleiben. Ich werde versuchen, dir Sicherheit zu schenken, damit du nicht mehr unruhig sein musst, denn ich weiß, dass nur Menschen, die sich unwohl in ihrer Haut fühlen, das Bedürfnis haben, andere Menschen zu attackieren.« Durch die Haltung »Du bist mein Lehrer und du bist nur gekommen, um mich gut auf mein weiteres Leben vorzubereiten« erfährt mein Gegenüber eine besondere, eine echte Art von Dankbarkeit und Wertschätzung, die weit über die oberflächliche Zufriedenheit des Gastes hinausgeht.

Gastfreundschaft

»Alle Fremden, die kommen, sollen aufgenommen werden wie Christus; denn er wird sagen: ›Ich war fremd, und ihr habt mich aufgenommen.‹« (RB 53,1)

»Sobald ein Gast gemeldet wird, sollen ihm daher der Obere und die Brüder voll dienstbereiter Liebe entgegeneilen.« (RB 53,3)

»Allen Gästen begegne man bei der Begrüßung und beim Abschied in tiefer Demut.« (RB 53,6)

»Das Fasten breche der Obere dem Gast zuliebe, nur nicht an einem allgemein vorgeschriebenen Fasttag, der eingehalten werden muss.« (RB 53,10)

»Sooft sie es brauchen, gebe man ihnen Hilfen, damit sie ohne Murren dienen.« (RB 53,18)

»Sobald jemand anklopft oder ein Armer ruft, antworte er: ›Dank sei Gott‹ oder ›Segne mich‹.« (RB 66,3)

»Mit der ganzen Sanftmut eines Gottesfürchtigen und mit dem Eifer der Liebe gebe er unverzüglich Bescheid.« (RB 66,4)

»Braucht der Pförtner eine Hilfe, erhalte er einen jüngeren Bruder.« (RB 66,5)

Die Bedeutung der Gastfreundschaft für die Benediktiner erfährt dadurch ihren Ausdruck, dass nicht einmal ein Fasttag höher eingestuft wird als das gemeinsame Essen mit einem Gast. Benediktinische Gastfreundschaft ist ein Geschenk, das schon beim Empfang der Fremden seine volle Kraft entfaltet. Die Art und Weise, wie wir andere empfangen, ist die Art und Weise, wie wir mit der Welt umgehen. Benedikt verlang vom Pförtner, im Fremden stets Christus zu sehen. Ich glaube, dass die Bereitschaft, jedem Menschen im Sinne von »Christus im Bruder« zu begegnen, eine elementare Haltung für ehrliche Gastfreundschaft ist. »Freund zu sein für jemanden, der bei uns zu Gast ist«, verleiht dem Begriff seine wahre Bedeutung. Wenn Menschen als Gast kommen und als Freund wieder gehen, haben wir unsere Aufgaben gut erfüllt. Denn Freunde versuchen sich Gutes zu tun, sich zu stärken. Für Benedikt haben der Gast und die Freundschaft mit ihm folgende Bedeutungen:

- Der Gast ist ein Geschenk für die Gemeinschaft, wobei die Gemeinschaft ihre Identität dem Gast zuliebe nicht aufgibt.
- Gastfreundschaft stiftet Heimat und Familie.
- Gastfreundschaft ist die Kunst, gute Beziehungen herzustellen.
- Benediktinische Gastfreundschaft ist das Sich-Verschenken eines Menschen an den anderen.

Sehr berührt hat mich in diesem Zusammenhang eine Aussage von Schwester Joan, die sie in einem ihrer Bücher beschreibt: »Um Gastfreundschaft in unserer Welt zu praktizieren, wäre es vielleicht nötig, all die Spielregeln und Ernennungen und Einladungslisten der Gesellschaft und Politik einmal aus der Sicht derer zu bewerten, die an der Erstellung solcher Listen niemals beteiligt sind. Vielleicht würde uns dann Gastfreundschaft dazu zwingen, Dinge zu ändern.«

Wenn ich mit den Mitarbeitern zusammenkomme, um über Gastfreundschaft zu sprechen, dann bitte ich sie, für einen Moment die Augen zu schließen und sich Folgendes vorzustellen: »Ihr seid zu Hause. Es ist Samstagabend und ihr erwartet ein paar gute Freunde zu Besuch. Gemeinsam wollt ihr euch einen schönen Abend machen, etwas essen, gute Gespräche führen, hören, was sich so tut, was die Freunde an Neuigkeiten mitbringen, selbst erzählen, was ihr erlebt habt oder was es Neues gibt, einfach eine gute Zeit miteinander verbringen. Versucht euch vorzustellen, wie ihr für den gemeinsamen Abend alles zum Besten und mit viel Liebe vorbereitet. Ihr habt etwas gekocht, das Wohnzimmer schön hergerichtet, ein paar Kerzen angezündet und die Getränke kaltgestellt. Und dann klingelt es auch schon an der Tür. Stellt euch vor, wie ihr sie öffnet und eure Freunde begrüßt, sie herzlich und voller Freude willkommen heißt. Stellt euch vor, wie ihr sie hereinbittet und ihr einen wunderschönen Abend miteinander verbringt.« Als Mensch können wir uns ein Bild davon machen, wie Gastfreundschaft aussieht, wenn ich ein ehrliches Interesse an meinen Mitmenschen habe. Und ein Bild sagt mehr als tausend Checklisten.

Vielleicht war es auch das, was mich während meiner Klosterzeiten so angesprochen hat, denn die benediktinische Gastfreundschaft ist mit dem Satz »Alle Fremden, die kommen, sollen aufgenommen werden wie Christus« fest in der Regel verankert. Ich habe sie so, wie sie im Kloster gelebt wird, immer als menschliche Tugend und nicht als seelenloses, professionelles Konzept wahrgenommen. Die »Arbeit am Gast« ist hier nicht nur Mittel, um Geld zu verdienen, sondern ein Mittel, um echte Begegnung und persönliche Entwicklung zu ermöglichen. Wann immer ich im Kloster war, habe ich ein ehrliches Interesse an mir als Mensch wahrgenommen und das damit einhergehende Wohlgefühl, das ein Fünf-Gänge-Menü oder der Besuch im Wellnessbereich mir nicht hätte vermitteln können. Es ist die Sehnsucht nach echter und ehrlicher Gastfreundschaft, die unser Unternehmen mit den Benediktinern verbindet.

Im Gastgewerbe geht es um Beziehung zwischen Menschen: Gästen und Gastgebern, Kollegen, Arbeitnehmern und Arbeitgebern. Letztlich bietet das Gastgewerbe einzigartige Möglichkeiten, auch den biblischen Masterplan einer guten Gemeinschaft einzuüben und damit der gesellschaftlichen Isolation und Vereinsamung etwas entgegenzusetzen. Gäste bei sich aufzunehmen, ist ein bedeutsames »Fach« in der Schule des Lebens und auf dem Weg zur Selbsterkenntnis. Jede Begegnung mit einem Menschen ist ein Geschenk. In diesem Zusammenhang entstand auch der Gedanke, der Ausbildung in der Hotellerie ein ganz neues Bild zu geben. Weniger fachliche Kenntnisse und professionelle Konzepte, mehr Menschlichkeit und Schule des Lebens. Vielleicht kann dieser Gedanke auf weitere Dienstleistungsberufe übertragen werden.

Für einen Unternehmer bedeutet das, Voraussetzungen für echte Begegnungen zu schaffen. Die Frage ist, was eine echte Begegnung neben hören, schweigen und sich zu öffnen noch auszeichnet. Wesentlich ist sicher, dass die Begegnung offen, also nicht von gegenseitigen Erwartungen geprägt ist. Aber wie entstehen Erwartungen?

Häufig sind es eigene Erfahrungen, vorgefertigte Meinungen oder innere Bilder, die ich im Zusammenhang mit zu Objekten reduzierten Menschen gemacht oder entwickelt habe, aus denen dann Erwartungen entstehen. Nehmen wir als Beispiel einen Geschäftsführer. Aufgrund meiner Erfahrungen entstehen in mir konkrete Erwartungen, wenn ich einem zu einem Geschäftsführer objektivierten Menschen begegne. Wenn ich aber Bodo begegne, ohne zu wissen oder mich daran bewusst zu erinnern, dass er Geschäftsführer ist, werde ich diese Erwartungen nicht haben. Wenn ich Mohamed begegne, ist das etwas anderes, als wenn ich dem Flüchtling Mohamed begegne. Sofort prägen meine Erfahrungen mit Flüchtlingen meine Erwartung gegenüber Mohamed. Ich sehe nicht mehr den ganzen Menschen, sondern nur noch diese Rolle, diesen Teil von ihm. Wenn ich es aber schaffe, den ganzen Menschen zu betrachten, führt das dazu, dass ich ihm offen und verständnisvoll begegne.

Was uns im Unternehmen bei der Reduzierung von Erwartungen und Ressentiments geholfen hat, ist der Versuch, auf die Bezeichnung von Menschen als Position oder Funktion zu verzichten. Wenn sich Bodo mit Malte austauscht, also zwei Subjekte aufeinandertreffen, sind die Voraussetzungen für eine echte, gelingende Begegnung besser, als wenn ein Geschäftsführer auf einen Auszubildenden trifft. Es entfallen ganz einfach die mit der Position oder Funktion verbundenen Ressentiments.

Das Unternehmen als Werkstatt für ein gelingendes Leben

Wie beschrieben, ist es das oberste Ziel von Upstalsboom, Menschen zu stärken und die Umwelt zu schonen. Was bedeutet dieser Anspruch nun für unsere Prozesse, Organisation, Kommunikation und ganz grundsätzlich für die Produktentwicklung bestehender, aber auch ganz neuer Produkte? Wie sieht zum Beispiel ein zukünftiges Hotel aus, das diesen Anforderungen maximal gerecht wird?

Vom Deichgrafen zum Upleven

In dem wunderschönen Fischerdörfchen Wremen betreiben wir seit 2009 für einen Investor ein kleines Hotel direkt auf dem Deich, den »Deichgraf«. Die Kombination von Standard, Standort und Größe des Hauses hat uns in den letzten Jahren immer wieder vor operative und wirtschaftliche Herausforderungen gestellt. Es lief irgendwie nicht rund und das gefiel dem Investor nicht, sodass er uns vor die Entscheidung, ihm eine ausreichende Rendite in Form einer Pacht zu garantieren, ihm das Hotel abzukaufen oder den Managementvertrag zu kündigen, uns das Hotel wegzunehmen. Wir standen also vor der Wahl, das Hotel samt Mitarbeiter zu verlieren oder Lösungen zu finden, die das Hotel, den Standort, unsere Kultur und die wirtschaftliche Seite in Einklang bringen, denn dann hatten wir die Voraussetzungen dafür geschaffen, das Hotel zu pachten oder zu erwerben. In einem gut eineinhalbjährigen Prozess entstand so aus dem »Deichgraf« das »Hotel am Rande der Welt«, das im Januar 2020 seine Türen öffnen und damit unsere durch die Benediktiner geprägte Kultur erlebbar zum Ausdruck bringen wird. Aber wie sieht so ein Hotel aus, das im Grunde nur noch wenig mit einem klassischen Urlaubs- oder Seminarhotel zu tun hat, aber unserem Anspruch, Menschen zu stärken und die Umwelt zu schonen, gerecht wird?

Mit unserem »Hotel am Rande der Welt«, das wir von »Deichgraf« in »Upleven« (plattdeutsch für Aufleben) umbenannt haben, antworten wir auf die Sehnsucht einer immer größer werdenden Zahl von Menschen nach psychosozialer Gesundheit. In Zeiten, in denen viele in den westlichen Ländern im Materialüberfluss leben, entsteht auf der anderen Seite eine Art Sinndruck: Je größer der Wohlstand, desto größer das Verlangen, etwas wirklich Sinnvolles zu tun, denn Sinnleere macht Menschen auf Dauer krank. Aus diesem Grund haben wir uns dazu entschieden, in diesem Hotel die Suche nach dem Sinn anstatt der Flucht in die Sinne in den Vordergrund zu stellen. Im »Upleven« geht es um eine echte Auszeit, die den Gast, aber ebenso den Mitarbeiter dabei unterstützt, aus dem Hamsterrad herauszutreten. Dafür haben wir den Begriff »Luxus« neu definiert. Luxus ist etwas, was ich mir im Alltag häufig nicht erlaube oder vermeintlich nicht erlauben kann. Der Begriff Urlaub dagegen findet seinen Ursprung in dem Mittelhochdeutschen »urloup« und bedeutet, sich etwas zu erlauben. Doch in einer Zeit, in der ich mir per Knopfdruck nicht nur die Welt, sondern auch alles, was ich zum Leben brauche, zu jeder Zeit und an jedem Ort besorgen kann, geht es in Zukunft bei dem, was ich mir erlaube, vielleicht um etwas anderes als materielle Vielfalt. Geistige Mündigkeit statt Konsuminfarkt ist ein Motto im »Upleven«, und so haben wir dem neuen Luxus Begriffe wie

»Ruhe«, »Zeit für mich«, »Stille«, »Bescheidenheit«, »Einfachheit« und »sich nicht zwischen tausend Dingen entscheiden zu müssen« zugesprochen.

Damit übertragen wir klösterliche Strukturen ins Hotel, frei von jeder Religion und Glaubensdoktrin, und versuchen so einen Ort zu schaffen, an dem sich sowohl Mitarbeiter wie Gäste im oben genannten Sinn psychisch, physisch, aber auch sozial entwickeln können. Im Mittelpunkt stehen aber nicht nur die Gäste, sondern ganz besonders auch die Mitarbeiter, die sich in dieser »Werkstatt« mitten auf dem Deich wiederfinden und die sie dabei unterstützt, den Begriff der Arbeit emotional und praktisch neu zu erleben. »Arbeiten, um gesund zu werden oder gesund zu bleiben« ist der Anspruch, dem wir versuchen gerecht zu werden. Urlaub, aber auch Arbeit als etwas zu erleben, das mich als ganzen Menschen entwickelt und stark werden lässt. Es geht um einen geschützten Raum, in dem ich keine Rolle spielen muss, in dem ich nicht den alltäglichen, gesellschaftlichen und beruflichen Einflüssen ausgeliefert bin, sondern als Mensch wachsen darf. Ein Raum, in dem ich so sein darf, wie ich bin, oder noch zu dem werde, der ich bin. So wie Goethe es in seinem »Faust« formuliert: »Hier bin ich Mensch, hier darf ich sein.«

Feste Strukturen

Indem wir, analog zu einem Kloster, einen festen Rahmen verankern, vermittelt das »Upleven« seinen Gästen und Mitarbeitern Klarheit, Sicherheit und Stabilität. Das manifestiert sich in einer Tagesstruktur, die durch Pausen bestimmt wird, und bedeutet, dass die angebotenen Meditations- und Mahlzeiten dem Tag eine feste Tagesstruktur geben. Viermal am Tag werden geführte Meditationen für Gäste und Mitarbeiter angeboten. Die Meditationen finden ausnahmslos und pünktlich statt, unabhängig von der Belegung des Hauses oder Anzahl der Teilnehmer. Jede Meditation wird durch dreimaliges Anschlagen der Glocke ein- und wieder ausgeläutet. So gibt es für alle im Haus die Gewissheit, dass diese Zeiten der Sille stattfinden und jeder für sich entscheiden kann, ob er daran teilnehmen möchte.

Für die Zeit zwischen den Pausen stehen den Gästen verschiedene Angebote offen, sich miteinander auszutauschen, ins Gespräch zu kommen, aber auch, sich zurückzuziehen und auf den Weg zu sich selbst zu begeben. Dazu gibt es Frageboxen auf den Tischen, regelmäßige Gesprächsrunden, eine Gesinnungs-Fotowand sowie den Tisch der Begegnung im Speisezimmer. Es gibt Seminar- und Gruppenarbeitsräume, in die sich Gäste, Coaches oder Seminarleiter zurückziehen können, um gemeinsam konkrete Fragstellungen zu bearbeiten. In der hoteleigenen kleinen Bibliothek kann man sich jederzeit Bücher ausleihen, die einem bei der Suche nach Antworten auf wichtige Lebensfragen dienlich sind.

Unter dem Motto »Schweigen als Aktivität« hat zudem jeder Gast die Möglichkeit, sich auch außerhalb der Meditationen im Schweigen zu bewegen. Um zu verhindern, dass andere sie während dieser Phase in ein Gespräch einbinden, kann der Wunsch nach Schweigen durch einen an der Kleidung anzubringenden »Schweige-Button« erkennbar gemacht werden. Um ausreichend in Bewegung zu bleiben, werden Gehmeditationen, Spaziergänge, Qi-Gong oder Yogaübungen auf dem Deich, im Weltnaturerbe Wattenmeer oder Kursraum angeboten. Ferner gibt es eine Schule für gesundes, nachhaltiges und diagnosegerechtes Kochen.

Auch bei den Mahlzeiten haben wir uns an den wohltuenden Strukturen benediktinischer Gästehäuser und den Inhalten der Regel orientiert. Anders als in einem »normalen« Hotel gibt es Frühstück, Mittag- und Abendessen nicht ab einer bestimmten Uhrzeit, sondern zu einer konkreten Uhrzeit. Einer der wichtigsten Aspekte der Mahlzeiten ist, dass diese die Gemeinschaft stärken. Wie in einer Familie sitzen zu diesen festen Zeiten alle an großen Tafeln und sowohl zum Mittagessen als auch zum Abendessen werden die Speisen in Schüsseln in die Mitte der Tische gestellt. Es gibt bei jeder Mahlzeit Tische, an denen Schweigen herrscht, und Tische, an denen gesprochen wird. Die Auswahl der Nahrungsmittel erfolgt unter saisonalen Gesichtspunkten und der Einkauf bestmöglich lokal beziehungsweise regional. Wenn auf Importwaren zurückgegriffen werden muss – zum Beispiel Kaffee –, erfolgt der Einkauf bestmöglich unter Beachtung von ökologischen Faktoren und Fair-Trade-Prinzipien. Wann immer es möglich ist, stellen wir die Lebensmittel selbst her und lassen uns auch hier von der Regel inspirieren. Was mich im Kloster tief beeindruckt hat, ist das hohe Maß an Unabhängigkeit, weil sich die Gemeinschaft, soweit es geht, selbst versorgt. Einige Abteien betreiben Landwirtschaft, Forstwirtschaft, Handwerk, Kunstwerk und haben eine eigene Energieerzeugung. Die Abtei in Münsterschwarzach hat insgesamt 28 Wirtschaftsbetriebe und ist damit in ihrer Versorgung nahezu unabhängig von ihrem Umfeld. In der Regel findet sich der Satz: »Sie sind dann wirklich Mönche, wenn sie wie unsere Väter und die Apostel von ihrer Hände Arbeit leben.« Es geht also nicht nur um geistige Freiheit, sondern auch um eine wirtschaftliche Freiheit oder Unabhängigkeit.

Das Ideal »wie unsere Väter« beziehen wir im »Upleven« auch auf das Essen. Eine gute Ernährung ist eine weitere der fünf benediktinischen Weisheiten zur Förderung der eigenen Lebensenergie. Heute gibt es zu viele raffinierte Produkte. Wir dürfen davon ausgehen, dass das, was eine Fabrik durchlaufen hat, nicht gesund für den Menschen ist. »Iss nichts, was nicht schon deine Oma gegessen hätte« ist ein Satz, der in unserer Familie immer wieder durchklingt. Damit umgeht man den unendlich langen und krankmachenden Rezepturen der Lebensmittelindustrie, die vielerorts aus wirtschaftlichen Interessen und ein paar Cent Rendite die Verantwortung für die Unterstützung der menschlichen Gesundheit abgibt. Aus diesem Grund ist die primäre Ausrichtung der Ernährung im »Upleven« vegetarisch beziehungsweise vegan. Dies entspricht nicht nur unserem Anspruch, die Umwelt zu schonen, sondern fördert auch die Gesundheit, wie schon Benedikt wusste. In der Regel finden wir dazu unter den Überschriften »Vom Maß der Speise« und »Vom Maß des Getränkes« zwei Kapitel, in denen es um die Mengen an Nahrung geht. Man könnte den Rat Benedikts übersetzen mit »Leichtigkeit statt Völlegefühl«.

Im Prolog der Regel beschreibt Benedikt, welche Einstellung er für Menschen voraussetzt, die sich im Weiteren an der Regel orientieren wollen. Im »Upleven« werden sich Menschen wohlfühlen, die zur Ruhe kommen und Stille finden möchten im stürmischen Alltag, die den Kontakt zur Natur (wieder-)herzustellen wünschen, eine Auszeit benötigen, zu sich selbst finden, ihr Bewusstsein entwickeln und vertiefen möchten, erste Schritte in Richtung Meditation oder Yoga gehen wollen, Beziehungen zu anderen stärken, ihre spirituelle Praxis durch ein kurzes Retreat vertiefen wollen und den tieferen Sinn in ihrem Sein und Tun suchen. Kurz: Menschen, die einen äußeren Raum für inneres Wachstum suchen.

Unsere Mitarbeiter stehen für den Gast in Bereichen zur Verfügung, die ein reguläres Hotel nicht bietet. Sie begleiten Gesprächsrunden, führen Sinngespräche, leiten Meditationen und nehmen an Mahlzeiten teil.

Wofür es sich lohnt, jeden Tag aufzustehen

Bis zu meinem Besuch im Kloster waren die Menschen in unserem Unternehmen mir tatsächlich eher als Instrumente dafür erschienen, dass ich meine oberflächlichen und durch die Leistungsgesellschaft geförderten Bedürfnisse wie Anerkennung, materieller Wohlstand oder das Ausleben von Macht befriedigen konnte. Während meiner Einkehr bei den Benediktinern und mithilfe der Regel erkannte ich für mich, dass nicht die Menschen der Wirtschaft dienen sollten, wie es über Jahrzehnte in vielen Unternehmen praktiziert wurde und auch noch praktiziert wird, sondern dass die Wirtschaft, also ich als Unternehmer, den Menschen dient und sie dabei unterstützt, für sich das zu finden, was sie ein Stückweit glücklicher macht. Der Weg zu dieser Erkenntnis war intensiv und lässt sich vielleicht mit dem Gleichnis Jesu vom Schatz im Acker vergleichen: Ich musste mir im übertragenen Sinn die Hände schmutzig machen und durch meinen Ärger, meine Angst, meine Zweifel, meine Eifersucht hindurchgehen, um an diese Quelle zu kommen. Dabei waren es ganz besonders die Krisen in meinem Leben wie zum Beispiel die Insolvenz des elterlichen Unternehmens, meine Entführung, der tragische Tod meines Vaters bei einem Flugzeugabsturz oder der emotionale Sturz durch meine Mitarbeiter, die auf dem Weg zu dieser Erkenntnis von besonderer Bedeutung waren. Wie Hildegard von Bingen sagt: Es ging darum, aus Wunden Perlen werden zu lassen. Durch die Benediktiner erfuhr ich ein Führungsverständnis, das mich ermutigt, durch diese Schmerzen, durch diese Krisen hindurchzugehen, mich ihnen zu stellen und nicht, wie ich es bis dahin getan hatte, vor ihnen zu flüchten.

Daraus erwuchs für mich ein klares Bild, eine sehr kraftvolle Vision, die ich später »meine Vision von glücklichen Menschen« nannte. Für mich ist eine Vision die Verbildlichung dessen, was ich als sinnvoll empfinde, wofür es lohnt, sich täglich einzusetzen. In diesem Bild sehe ich mich schon heute in einem Ohrensessel als 75-, vielleicht 80-jähriger Opa. Auf meinem Schoß sitzen zwei Enkelkinder. Und zur guten Nacht erzähle ich ihnen Geschichten von glücklichen Menschen. Ich weiß, dass ich niemanden glücklich machen kann, weder als Mensch noch als Unternehmer. Aber als Mensch und Unternehmer kann ich im Kleinen dazu beitragen und Rahmenbedingungen dafür schaffen, dass andere für sich das finden, was sie stärker, gesünder oder glücklicher macht. Und dieses Bild ist der Maßstab für meine täglichen Entscheidungen. Ich frage mich dabei immer: Führt eine Entscheidung dazu, dass ein weiterer Mensch für sich das findet, was ihm wirklich guttut? Oder schwächt diese Entscheidung Mensch und Natur? Im Grunde stehe ich jeden Tag in der Hoffnung auf, wieder eine Geschichte zu initiieren oder zu erleben, die dazu taugt, sie später meinen Enkelkindern zu erzählen. Das ist das, was mich täglich bewegt, das mir Kraft gibt, ganz besonders auch dann, wenn es mal ein bisschen anspruchsvoller wird. Es ist dieser Anblick glücklicher Menschen, der mich bewegt, der mich antreibt und begeistert. Dieser Moment, wenn in den Augen meines Gegenübers das Licht angeknipst wird, wieder Leben in sie einkehrt. Mit jedem Mal, bei dem das Wirklichkeit wird, wird auch meine Vision ein Stück Wirklichkeit. Es ist diese Spannung zwischen Vision und Wirklichkeit, in der meine Sehnsucht ihren Ausdruck erfährt und in der ich mich jeden Tag frage: Was kann ich heute dafür tun,

Meine VISION von glücklichen Menschen
Geschichten von gelingendem Leben
ICH BINDE MEINEN KARREN...
...AN DIESEN STERN...
... UND WENN ICH OPA BIN, ERZÄHLE ICH MEINEN ENKELN DIE GESCHICHTEN.

dass Menschen für sich das finden, was sie glücklicher macht? Was kann ich heute für eine weitere Geschichte tun?

Ich bin zu einem Geschichtensammler geworden, der von gelingendem Leben erzählen möchte und es schon tut. Unser Unternehmen ist der Ort, an dem diese Geschichten entstehen. Dieses Bild vom im Ohrensessel sitzenden Opa ist der Stern, an den ich meinen Karren gebunden habe, er zeigt mir als Kutscher den Weg! Und das ist im Grunde genommen der einzige Antrieb, den ich habe. Ich nutze dieses Unternehmen als Plattform dafür, dass Menschen stark werden. Und starke Menschen sind für uns gesunde Menschen, Menschen, die sich psychisch, physisch und sozial wohlfühlen.

Mit Blick auf den Ohrensessel wollte ich also versuchen, den Upstalsboomern das anzubieten, was mir im Kloster geholfen hatte, mir meiner Vision von glücklichen Menschen bewusst zu werden und dadurch diesem Gefühl der inneren Zufriedenheit und Freiheit ein großes Stück näher zu kommen. Ich wollte meinen Teil dazu beitragen, dass möglichst viele Menschen für sich genau das finden, was ihnen ebenfalls genau das schenkt. Für mich lag es daher nah, dass ich versuchte, die Weisheit der Regel zu verinnerlichen, um den Geist in unser Unternehmen zu transportieren.

»Wer ist der Mensch, der das Leben liebt und gute Tage zu sehen wünscht?« Dieser Satz hat mich sehr berührt und er beschreibt für mich diesen klaren Auftrag, aber auch die Haltung, mit dem und der ich als Mensch wie als Unternehmer meinen Mitmenschen begegne, wofür es sich lohnt, jeden Morgen aufzustehen.

Loslassen und handeln statt grübeln und klagen

Janssen B.
Eine Frage der Haltung
ISBN 978-3-424-15415-3

Mitte März 2020: Corona-Pandemie. Lockdown. Die 89 Upstalsboom-Hotels müssen schließen. Die Existenz von Bodo Janssens Unternehmen und seiner Mitarbeiter steht auf dem Spiel. Janssen erlebt, wie sich sein Unternehmensstil und sein Wertesystem jetzt bewähren: Die Mitarbeiter ergreifen von selbst die Initiative und entscheiden, was in welcher Priorisierung umzusetzen ist. Bodo Janssens Bilanz: Wir sind in der Krise beweglicher und selbstbewusster geworden und gestärkt daraus hervorgegangen. Ein sehr persönliches Buch, dessen Einsichten weit über die Corona-Situation hinaus auf Krisen jeder Art anzuwenden sind, alltägliche ebenso wie existenzbedrohende. Der Weg eines spirituell orientierten Managers, der konsequent den Weg einer nachhaltigen und humanen, dem gemeinschaftlichen Nutzen verpflichteten Wirtschaft verfolgt!

ARISTON